바이브리의
손뜨개
인형
수업

바 이 브 리 의

손뜨개
인형
수업

2018년 10월 22일 1판 1쇄 발행
2022년 10월 05일 1판 5쇄 발행

—

지은이 이양순
펴낸이 이상훈
펴낸곳 책밥
주소 03986 서울시 마포구 동교로23길 116 3층
전화 번호 02-582-6707
팩스 번호 02-335-6702
홈페이지 www.bookisbab.co.kr
등록 2007.1.31. 제313-2007-126호

—

디자인 디자인허브

—

ISBN 979-11-86925-54-6
정가 17,000원

책밥은 (주)오렌지페이퍼의 출판 브랜드입니다.

이 도서의 국립중앙도서관 출판예정도서목록(CIP)은 서지정보유통지원시스템 홈페이지
(http://seoji.nl.go.kr)와 국가자료공동목록시스템(http://www.nl.go.kr/kolisnet)에서
이용하실 수 있습니다. (CIP제어번호: CIP2018032441)

CROCHET DOLLS

바이브리의

손뜨개
인형
수업

이양순 지음

책밥

머리말

저는 아마도 손으로 하는 모든 것을 좋아하는 것 같습니다. 어릴 적부터 손으로 쓰윽쓰윽 그려 내는 게 좋았고 뚝딱뚝딱 만드는 게 좋았어요. 누군가 만들어 낸 수공품에 눈길이 갔고 그들이 만들고 그리는 과정에 더 흥미를 느꼈습니다.

직업을 가질 무렵 미술 전공이 아니었음에도 대학 시절에 혼자 터득한 툴로 만든 포트폴리오로 GUI 디자이너가 될 수 있었습니다. 반복되는 야근과 끊임없는 경쟁으로 힘들었지만 그 생활이 매우 즐거웠고 꽤나 좋은 성과를 이루어 냈죠. 하지만 마음속에는 막연히 핸드메이드를 업으로 삼는 것에 대한 동경이 있었던 것 같아요. 핸드메이드에 미련을 버리지 못하고 이것저것 배우러 다녔으니까요. 그러다 아주 사소한 계기로 이 일을 업으로 삼게 되었습니다. 프리랜서 생활을 하며 제가 뜬 코바늘 인형을 본 지인의 한마디였죠.

"와, 인형 너무 예쁘다. 이런 것 만들 줄 알면 진짜 행복하겠다!"

당시 전 프리랜서 업무에 지쳐 손으로 하는 그 어떤 것도 하지 않을 때였는데 그 말을 듣고 '맞아! 난 이런 것을 할 때 제일 행복했지!'라는 생각이 들었던 거예요. 그때부터 코바늘을 손에서 놓지 않았습니다. 디자인 업무를 하는 중에도 계속 다음 인형을 구상하느라 오히려 본업이 거추장스럽게 느껴지기까지 했으니까요. 끊임없이 인형을 뜨고 만들며 자연스럽게 일의 경중도 바뀌게 되었어요. 그리고 이 행복을 다른 사람에게도 알려 주자는 마음으로 클래스도 시작했습니다. 다행히 지금까지 제 인형을 예뻐해 주시는 분들이 계셔서 좋은 분들과 즐겁고 유쾌하게 클래스를 운영하고 있습니다.

책 출간은 이 일을 하면서부터 이루고 싶었던 것 중 하나였습니다. 여러 가지 이유로 클래스를 듣기 어려운 분이 많을 수밖에 없었고 제게 댓글이나 문자로 그러한 아쉬움을 표현하시는 분도 많았어요. 그리고 제가 인형을 만들면서 더 행복해진 것처럼 많은 분과 함께하고 싶다는 생각이 들었습니다.

그런 이유로 이 책이 모두에게 행복을 주었으면 좋겠습니다. 인형을 뜨면서 느끼는 몰입감, 손으로 하나하나 바느질해 가며 느끼는 즐거움, 완성했을 때의 성취감. 이 모든 것을 여러분과 함께 나누고 싶습니다.

마지막으로 첫 출간이라 허둥대는 저 때문에 고생하신 편집자님,
제가 하는 일을 항상 응원해 주고 격려해 주는 우리 가족,
무엇보다 저의 일을 늘 존중하고 대단하다 여겨 주는 사랑하는 남편에게
고맙고 감사하다는 말을 전합니다.

제가 책을 쓰는 내내 행복했듯 이 책이 닿는 모두가 행복하시길….

2018년 10월 바이브리 드림

이 책의 차례

Part 1

손뜨개 기초 쌓기

Part 2

차근차근 따라하기

Part 3

두근두근 도전하기

Part 4

아기자기 소품 만들기

반지 케이스 덮개
리틀 프린세스

동물 브로치
바니바니 램램 덕덕

인테리어 소품 1.
리틀 리틀 마운틴

인테리어 소품 2.
첫 번째 선인장

이 책을 보는 방법

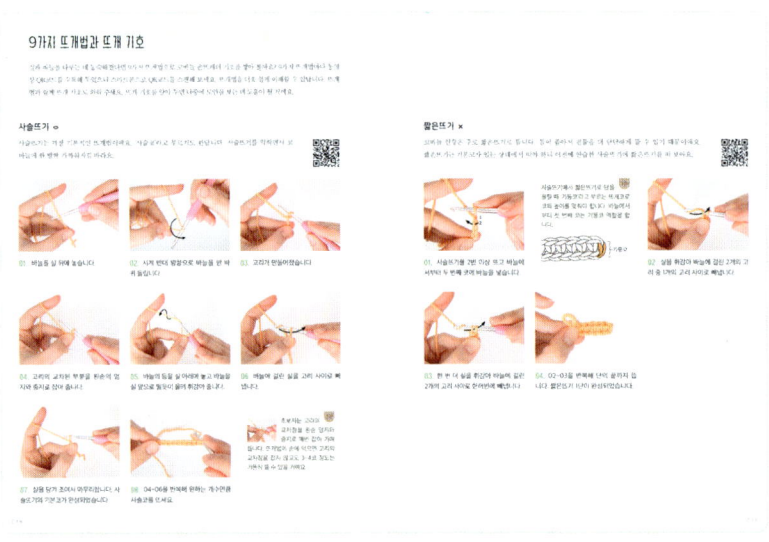

코바늘 손뜨개가 처음인 분을 위해 9가지 기초 뜨개법을 소개합니다. 동영상 QR코드를 수록해 두었으니 뜨개법이 헷갈릴 때마다 동영상을 확인하세요.

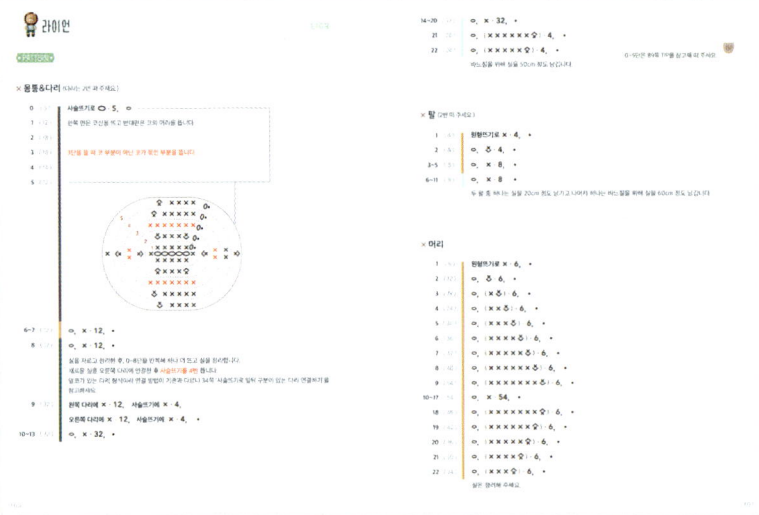

바이브리만의 특별한 도안을 제공합니다. 단수와 콧수, 실 컬러와 뜨개 기호를 하나의 도안으로 만나 보세요.

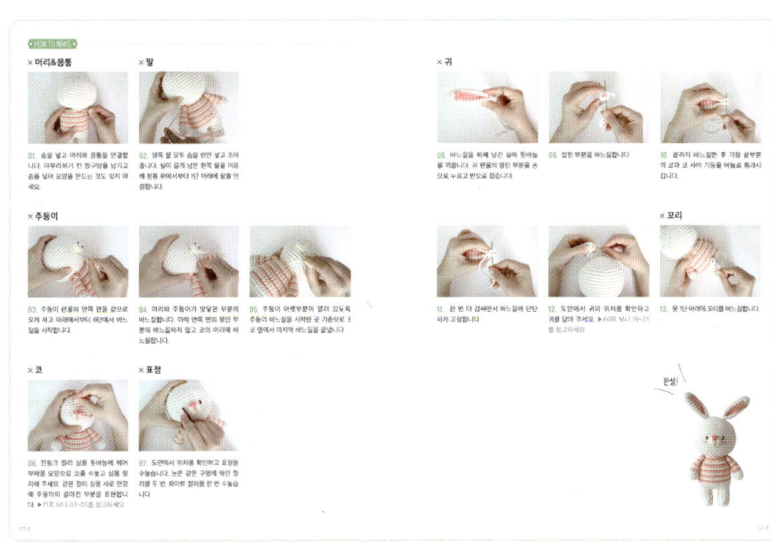

친절하고 자세한 설명과 사진을 담았습니다. 책을 따라 차근차 근 인형을 만들어 보세요. 난이 도순으로 구성했으니 PART2의 인형을 먼저 만든 다음 PART3 의 인형을 완성하세요.

손뜨개 인형으로 감성 소품을 만들어 보세요. 앞서 배운 손뜨 개 인형 만들기 기법을 떠올리 며 반지 케이스 덮개와 앙증맞 은 동물 브로치, 인테리어 소품 을 완성하세요.

코바늘 인형을 위한 준비물

✕ 실

① 실

바이브리 코바늘 인형은 '3.5mm 울사, 4.5mm 울사, 6mm 면사, 링구사'로 만듭니다. 도안에서 실을 확인하고 성분과 굵기가 비슷한 실을 사용해 주세요.

② 퀼팅실

편물끼리 연결할 때 퀼팅실을 사용합니다. 퀼팅실은 빳빳하고 단단해 끊어짐 없이 튼튼하게 편물을 연결할 수 있습니다.

③ 투명실

인형에 구슬이나 단추를 연결할 때, 편물에 레이스나 폼폼 같은 기타 재료를 달 때 사용합니다. 일반 실보다 얇고 투명해 바늘땀이 드러나지 않아 감쪽같이 달 수 있습니다. 활용도가 높으니 하나 구비해 두세요.

④ 재봉실

인형의 머리카락을 표현하기 위해 사용합니다.

✕ 바늘

① 코바늘

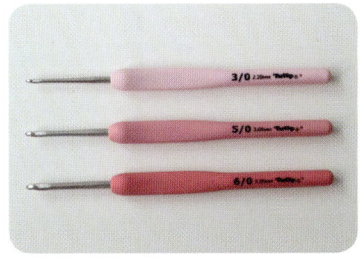

코바늘에는 모사용 코바늘(일반 코바늘)과 레이스용 코바늘이 있습니다. 인형을 만들 때는 주로 모사용 코바늘을 사용해요. 모사용 코바늘은 호수가 커질수록 바늘의 굵기가 굵어진답니다. 바이브리 코바늘 인형은 '모사용 코바늘 3호, 5호, 6호'로 만듭니다.

② 돗바늘

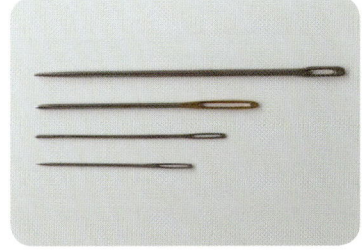

굵은 돗바늘, 가늘면서 끝이 뭉툭한 돗바늘, 가늘면서 끝이 뾰족한 돗바늘, 길이가 긴 돗바늘을 용도에 맞춰 사용합니다.

③ 일반 바늘

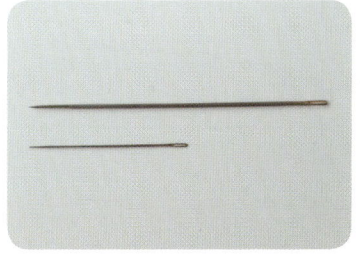

일반 재봉용 바늘로, 편물에 퀼팅실이나 투명실, 재봉실로 바느질할 때 사용합니다. 기본 길이 바늘 하나와 약 7cm 길이의 긴 바늘을 사용합니다.

✕ 그 밖의 준비물

① 시침핀

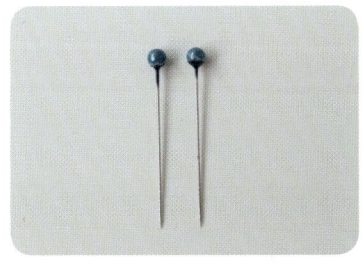

바느질할 위치를 표시하거나 편물끼리 연결할 때 고정하는 용도로 사용합니다.

② 가위

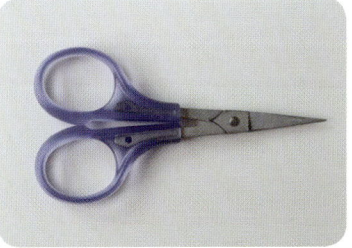

바느질을 잘못했거나 편물을 잘못 떴을 때 쉽게 수정하기 위해 끝이 뾰족한 가위를 사용합니다.

③ 방울솜

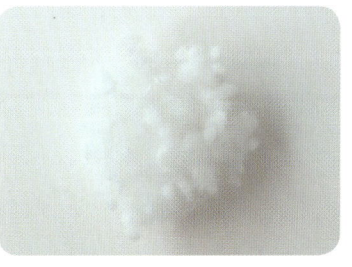

인형 속에 넣어 인형의 모양을 잡습니다. 방울솜은 구름솜보다 잘 꺼지지만 모양을 잡기엔 더 쉬워요. 코바늘 인형 만들기가 처음인 분들께는 방울솜을 추천합니다.

❹ 겸자

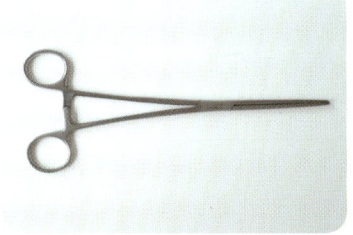

솜을 넣을 때는 항상 겸자를 사용합니다. 손으로 솜을 넣으면 양 조절에 실패해 편물이 늘어날 수 있기 때문이에요. 방울솜을 겸자로 집어 인형 안쪽 끝부분부터 꼼꼼하게 넣습니다.

❺ 핀셋

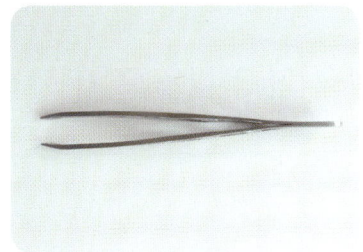

바느질을 하다 보면 인형 속 솜이 따라 나오는 경우가 종종 있습니다. 이때 핀셋으로 솜을 제거합니다. 세심한 작업을 할 때도 핀셋을 사용하면 편리합니다.

❻ 아이섀도, 메이크업 붓

인형 볼에 아이섀도를 발라 생기를 더합니다. 패브릭용 잉크보다 잘 지워지지만 자연스럽게 연출할 수 있어 좋습니다.

❼ 목공용 풀

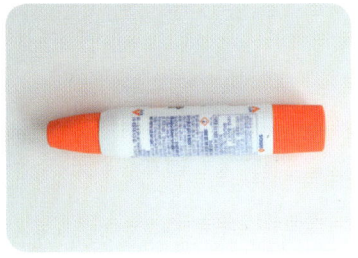

인형에 머리카락이나 꾸밈 요소를 붙일 때 사용합니다.

❽ 빗

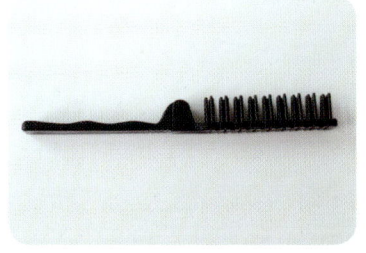

재봉실로 머리카락을 표현한 다음 빗으로 꼭 빗어 주세요. 훨씬 예쁜 인형을 만들 수 있습니다.

❾ 단추, 구슬, 폼폼, 레이스, 리본

다양한 꾸밈 요소로 인형에 포인트를 줍니다. 여러 재료를 구비해 두고 인형에 어울리는 꾸밈 요소를 상황에 맞춰 사용해 주세요.

❿ 공예용 와이어, 펜치

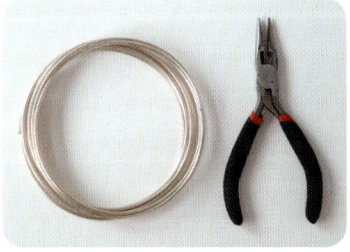

인형의 팔과 다리, 꼬리에 공예용 와이어를 넣으면 인형의 움직임을 폭넓게 표현할 수 있습니다.

실을 걸고 바늘을 잡는 법

코바늘 손뜨개가 처음이라면 손가락에 실을 걸고
바늘을 잡는 동작도 어렵게 느껴질 거예요. 하지만 코바늘은 시작이 반입니다.
실을 걸고 바늘을 잡는 법만 익혀도 많은 작업을 할 수 있답니다.

01. 왼손 약지와 소지 사이에 실을 끼워 주세요. 실 끝이 위로 나옵니다.

TiP 실이 너무 얇거나 손가락에 느슨하게 걸린다면 소지에 실을 한 번 더 감아 주세요.

02. 검지에 실을 걸고 엄지와 중지로 실 끝을 삽습니다. 검지에는 힘을 주지 않고 실을 당겨 가며 뜹니다.

03. 바늘 끝의 갈고리를 아래로 향하게 한 다음 오른손으로 연필 잡듯이 바늘 자루 부분을 잡습니다. 이때 중지는 자연스럽게 바늘 부분에 닿습니다.

TiP 초보자는 중지 사용법에 익숙하지 않아 손뜨개를 더욱 어렵게 느낄 수 있습니다. 하지만 꾸준히 연습하면 중지로 실을 누르거나 편물을 지탱하는 동작을 자연스럽게 익힐 수 있답니다.

Part 1

+ CROCHET DOLLS +

손뜨개 기초 쌓기

9가지 뜨개법과 뜨개 기호

실과 바늘을 다루는 데 능숙해졌다면 9가지 뜨개법으로 코바늘 손뜨개의 기초를 쌓아 볼까요? 9가지 뜨개법마다 동영상 QR코드를 수록해 두었으니 스마트폰으로 QR코드를 스캔해 보세요. 뜨개법을 더욱 쉽게 이해할 수 있답니다. 뜨개법과 함께 뜨개 기호도 외워 주세요. 뜨개 기호를 알아 두면 나중에 도안을 보는 데 도움이 될 거예요.

사슬뜨기 ⃝

사슬뜨기는 가장 기본적인 뜨개법이에요. '사슬코'라고 부르기도 한답니다. 사슬뜨기를 익히면서 코바늘에 한 발짝 가까워지길 바라요.

01. 바늘을 실 뒤에 놓습니다.

02. 시계 반대 방향으로 바늘을 반 바퀴 돌립니다.

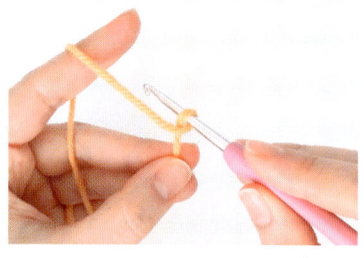

03. 고리가 만들어졌습니다.

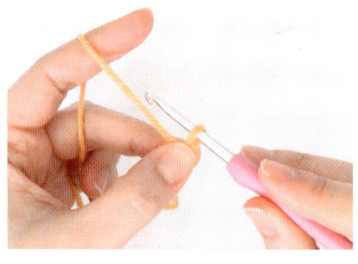

04. 고리의 교차된 부분을 왼손의 엄지와 중지로 잡아 줍니다.

05. 바늘의 등을 실 아래에 놓고 바늘을 실 앞으로 밀듯이 올려 휘감아 줍니다.

06. 바늘에 걸린 실을 고리 사이로 빼냅니다.

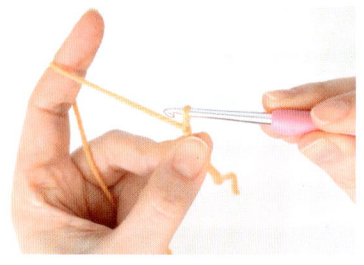

07. 실을 당겨 조여서 마무리합니다. 사슬뜨기의 기본코가 완성되었습니다.

08. 04~06을 반복해 원하는 개수만큼 사슬코를 뜨세요.

 **TiP**

초보자는 고리의 교차점을 왼손 엄지와 중지로 매번 잡아 가며 뜹니다. 뜨개법이 손에 익으면 고리의 교차점을 잡지 않고도 3~4코 정도는 거뜬히 뜰 수 있을 거예요.

짧은뜨기 ×

코바늘 인형은 주로 짧은뜨기로 뜹니다. 틈이 좁아서 편물을 더 단단하게 뜰 수 있기 때문이에요. 짧은뜨기는 기본코가 있는 상태에서 떠야 하니 이전에 연습한 사슬뜨기에 짧은뜨기를 떠 보아요.

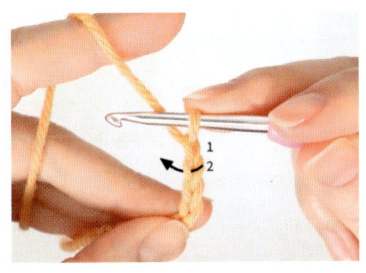

01. 사슬뜨기를 2번 이상 뜨고 바늘에서부터 두 번째 코에 바늘을 넣습니다.

TIP

사슬뜨기에서 짧은뜨기로 단을 올릴 때 '기둥코'라고 부르는 뜨개코로 코의 높이를 맞춰야 합니다. 바늘에서부터 첫 번째 코는 기둥코 역할을 합니다.

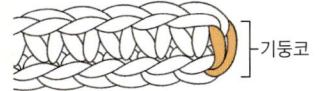

─기둥코

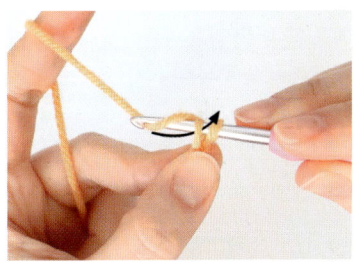

02. 실을 휘감아 바늘에 걸린 2개의 고리 중 1개의 고리 사이로 빼냅니다.

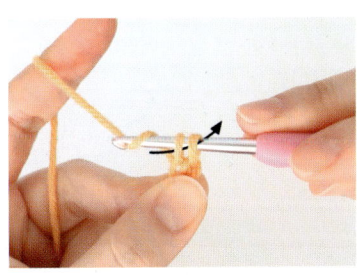

03. 한 번 더 실을 휘감아 바늘에 걸린 2개의 고리 사이로 한꺼번에 빼냅니다.

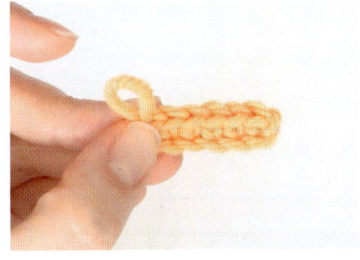

04. 02~03을 반복해 단의 끝까지 뜹니다. 짧은뜨기 1단이 완성되었습니다.

한길긴뜨기 ₸

한길긴뜨기는 짧은뜨기의 3배 높이로 뜰 수 있는 뜨개법이에요. 한 번에 넓게 뜰 수 있는 뜨개 기법으로 짧은뜨기의 기둥코보다 3배 높은 기둥코가 필요합니다. 짧은뜨기나 곧 배울 긴뜨기와 함께 사용하면 한 단에서 다양한 높이를 표현할 수 있어요.

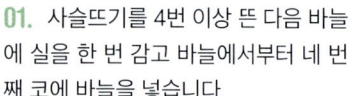

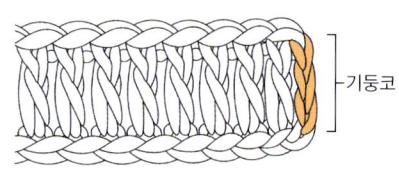

기둥코

사슬뜨기에서 한길긴뜨기로 단을 올릴 때 '기둥코'라고 부르는 뜨개코로 코의 높이를 맞춰야 합니다. 바늘에서부터 3개의 코는 기둥코 역할을 합니다.

TiP

01. 사슬뜨기를 4번 이상 뜬 다음 바늘에 실을 한 번 감고 바늘에서부터 네 번째 코에 바늘을 넣습니다.

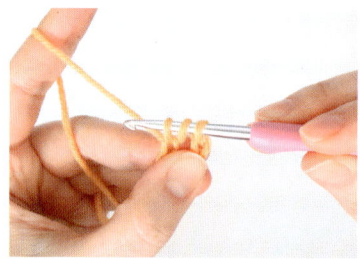

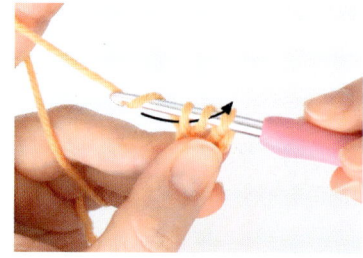

02. 실을 휘감아 바늘에 걸린 3개의 고리 중 1개의 고리 사이로 빼냅니다.

03. 바늘에 걸린 고리가 3개인지 확인합니다.

04. 다시 한 번 실을 휘감아 2개의 고리 사이로 빼냅니다.

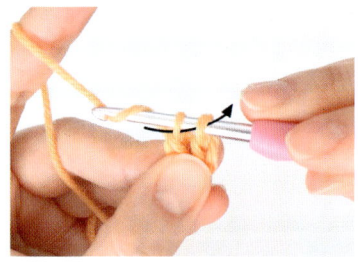

05. 마지막으로 실을 휘감아 남은 2개의 고리 사이로 한꺼번에 빼냅니다.

06. 02~05를 반복해 단의 끝까지 뜹니다. 한길긴뜨기 1단이 완성되었습니다.

긴뜨기 T

긴뜨기는 짧은뜨기와 한길긴뜨기의 중간 높이 뜨개법입니다. 자주 사용하지는 않지만 다른 뜨개법과
응용해 재미있는 작품을 만들 수 있어요. 이전에 익힌 짧은뜨기, 한길긴뜨기와 함께 긴뜨기를 연습하
며 편물의 높이와 기둥코의 개념을 파악해 보아요.

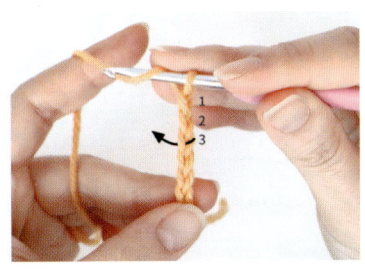

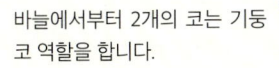
바늘에서부터 2개의 코는 기둥
코 역할을 합니다.

ㄴ기둥코

01. 사슬뜨기를 3번 이상 뜬 다음 바늘
에 실을 한 번 감고 바늘에서부터 세 번
째 코에 바늘을 넣습니다.

02. 실을 휘감아 1개의 고리 사이로 빼
냅니다.

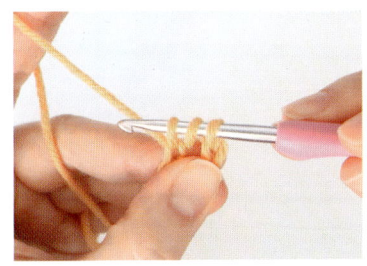

03. 바늘에 걸린 고리가 3개인지 확인
합니다.

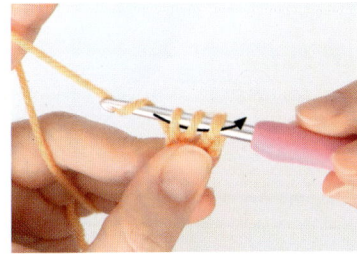

04. 다시 한 번 실을 휘감아 3개의 고
리 사이로 한꺼번에 빼 줍니다.

05. 02~04를 반복해 단의 끝까지 뜹
니다. 긴뜨기 1단이 완성되었습니다.

짧은 이랑뜨기 ⤫

짧은 이랑뜨기는 편물에 각을 만들거나 무늬를 넣을 때, 코의 남은 한쪽 부분을 활용해 뜨고 싶을 때 사용하는 기법이에요. 코를 뜰 때 바늘을 넣는 위치만 다를 뿐 짧은뜨기와 뜨개법은 같답니다.

01. 사슬뜨기를 2번 이상 뜬 다음 짧은 뜨기한 편물을 준비합니다.

02. 사슬뜨기를 1번 떠 기둥코를 만들고 이랑뜨기 단을 뜨기 위해 편물을 뒤집습니다.

03. 바늘에서부터 두 번째 코에 바늘을 찔러 넣는데, 짧은뜨기와 달리 뒤쪽 반코에 바늘을 넣습니다.

04. 실을 휘감아 1개의 고리 사이로 빼냅니다.

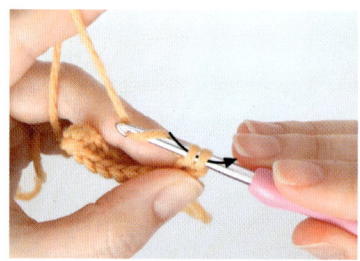

05. 한 번 더 실을 감고 바늘에 걸린 2개의 고리 사이로 한꺼번에 빼냅니다.

06. 03~05를 반복해 단의 끝까지 뜹니다. 짧은 이랑뜨기 1단이 완성되었습니다.

빼뜨기 •

빼뜨기는 코와 코를 연결해 단을 마무리할 때 주로 사용해요. 다른 뜨개법과 달리 높이(기둥코)가 없는 뜨개법입니다.

01. 사슬뜨기를 1번 이상 뜨고 바늘을 첫 번째 코에 찔러 넣습니다.

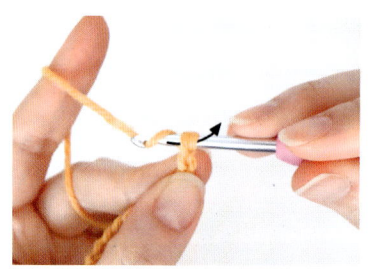

02. 실을 휘감아 2개의 고리 사이로 한꺼번에 빼냅니다.

03. 01~02를 반복해 단의 끝까지 뜹니다. 빼뜨기 1단이 완성되었습니다.

짧은뜨기 2코 모아뜨기 ⩘

2코 모아뜨기는 이전 단의 2코를 1코로 줄이는 방법입니다. 여기서는 기존 뜨개법보다 모아뜨기한 표가 덜 나고 코를 편하게 줄일 수 있는 방법을 소개할게요.

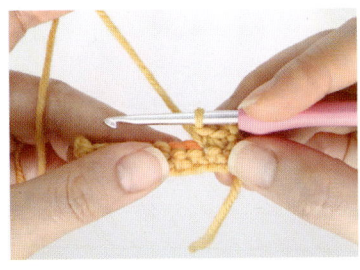

01. 편물에 짧은뜨기를 뜬 모습입니다. 옆의 2코를 1코로 줄여 보겠습니다.

02. 첫 번째 코를 갈라 앞쪽 반코에 바늘을 찔러 넣습니다.

03. 두 번째 코를 갈라 마찬가지로 앞쪽 반코에 바늘을 찔러 넣습니다.

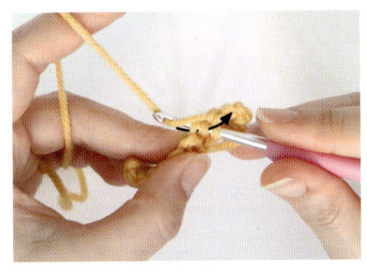

04. 실을 휘감아 2개의 코 사이로 빼 줍니다.

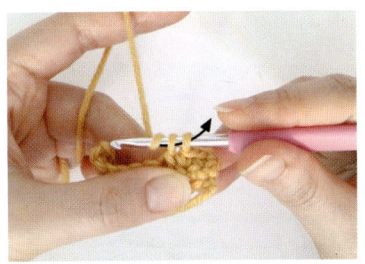

05. 실을 한 번 더 휘감아 2개의 고리 사이로 빼냅니다.

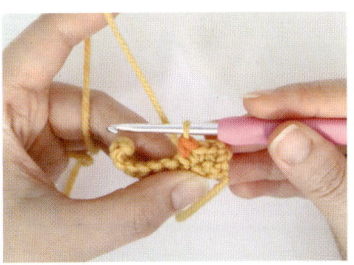

06. 2코 모아뜨기를 완성했습니다.

짧은뜨기 2코 늘려뜨기 ⩙

1코를 2코로 늘리는 뜨개법으로 1코에 짧은뜨기를 2번 떠 코를 늘리는 방법이에요. 뒤에서 배울 원형 뜨기에서 원 모양을 키울 때 사용합니다.

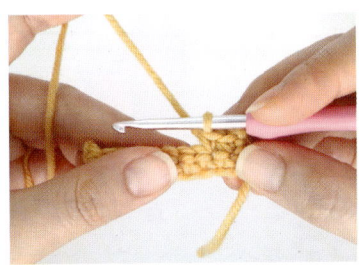

01. 편물에 짧은뜨기를 한 모습입니다.

02. 이미 짧은뜨기를 한 코에 바늘을 찔러 넣어 다시 한 번 짧은뜨기를 합니다.

03. 아래 단의 1코가 다음 단에서 2코가 되었습니다.

인형 뜨기의 기본 원형뜨기

원형뜨기는 코바늘 인형 뜨기에서 가장 중요한 뜨개법입니다. 코바늘 인형을 찬찬히 살펴보면 편물이 원형으로 이루어진다는 걸 알 수 있을 거예요. 그러니 코바늘 인형을 뜨려면 원형뜨기에 대해서 제대로 알아야겠죠? 원형뜨기를 꼼꼼하게 익히고 넘어가기로 해요.

1. 원형뜨기 기초코 잡기

모든 배움은 뼈대가 되는 기초가 가장 중요합니다. 원형뜨기의 시작은 바로 '매직링'이라 부르는 기초코를 만드는 것이에요. 천천히 따라 하며 원형뜨기의 토대를 쌓아 보아요.

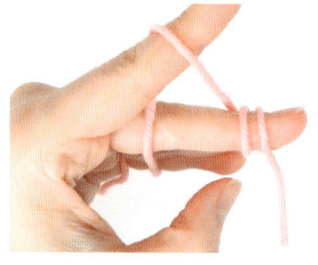

01. 왼손으로 실을 잡고 중지에 실 끝을 감아 줍니다. 손가락 바깥쪽에서부터 안쪽으로 2번 감아 주세요.

02. 중지에 걸려 있는 2개의 고리에 바늘을 넣습니다.

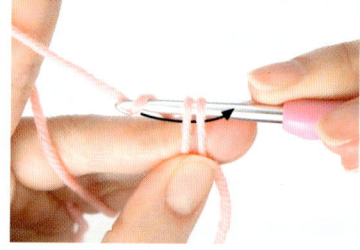

03. 실을 휘감아 2개의 고리 사이로 한꺼번에 빼냅니다.

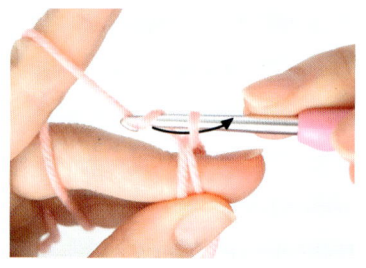

04. 다시 한 번 실을 휘감아 바늘에 걸린 고리 사이로 빼냅니다.

05. 원형뜨기의 기초코가 완성되었습니다.

2. 짧은뜨기로 원형뜨기 1단 뜨기

짧은뜨기로 원형뜨기 1단을 완성한 후 마무리하는 방법까지 배울 거예요. 이 책에서는 빼뜨기 후 기둥코를 세우는 방법으로 인형을 만듭니다. 1단의 마무리인 빼뜨기 과정까지 먼저 배워 봅시다.

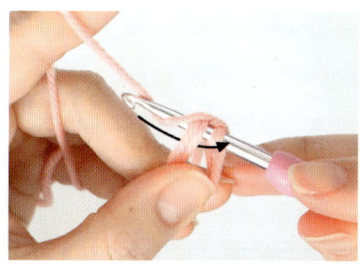

01. 원형 고리를 왼손 엄지와 중지로 잡습니다. 원형 고리 안에 바늘을 넣은 후 바늘에 실을 휘감아 원형 고리 사이로 빼냅니다.

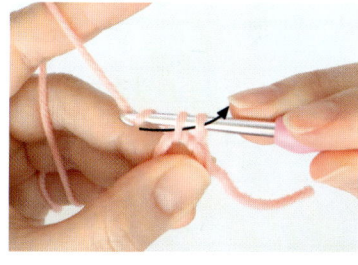

02. 바늘에 실이 2개 걸린 상태에서 실을 휘감아 2개의 고리 사이로 한꺼번에 빼냅니다.

03. 짧은뜨기 하나가 완성되었습니다.

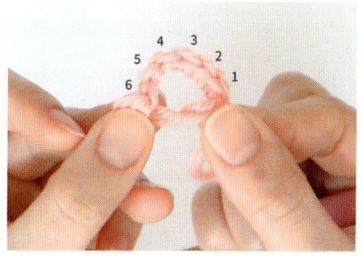

04. 02~03을 5번 더 반복해 짧은뜨기 6코를 만듭니다.

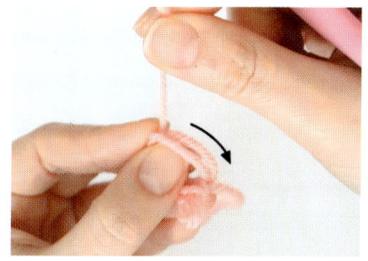

05. 실을 조여 보겠습니다. 짧은 실을 조심스럽게 잡아당기면 원형코 실 2가 닥 중 움직이는 실이 있습니다. 움직이는 실을 끝까지 당깁니다.

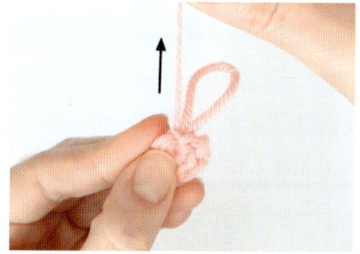

06. 남아 있는 짧은 실을 잡고 구멍이 없어질 때까지 당기며 꽉 조여 주세요.

07. 마지막 코에서부터 콧수를 헤아려 첫 번째 코를 찾습니다.

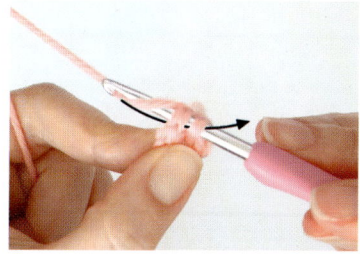

08. 첫 번째 코에 바늘을 찔러 넣고 실을 휘감아 빼뜨기합니다.

09. 짧은뜨기로 원형뜨기 1단이 완성되었습니다.

3. 짧은뜨기로 원형뜨기 2단 뜨기

짧은뜨기로 원형뜨기 2단은 사슬뜨기로 기둥코를 만들면서 시작합니다. 그리고 짧은 뜨기 2코 늘려뜨기로 단을 뜨면서 원 모양을 키워 줍니다.

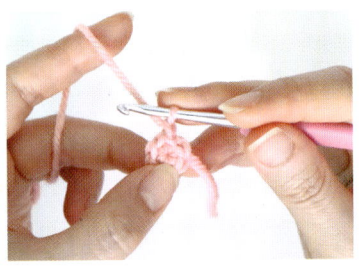

01. 사슬뜨기를 1번 떠 2단의 기둥코를 만듭니다.

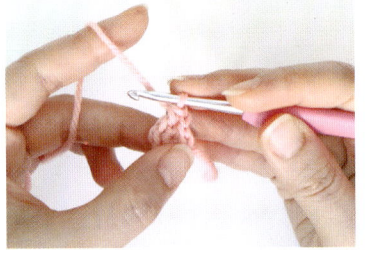

02. 1단의 첫 번째 코에 바늘을 넣어 짧은뜨기를 합니다. 2단의 첫 번째 코 는 빼뜨기와 기둥코를 만든 1단의 첫 번째 코입니다.

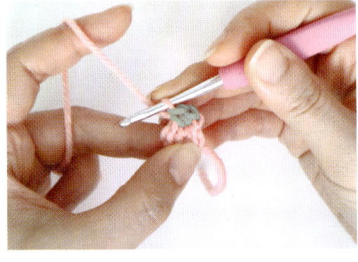

03. 도안대로 다시 같은 곳에 짧은뜨 기를 해 2코 늘려뜹니다.

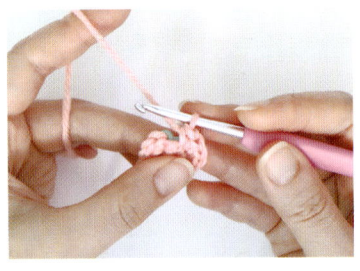

04. 나머지 5개의 코에도 02~03을 반 복해 뜨면 첫 번째 코와 마지막 코 사이 에 빼뜨기와 기둥코가 남습니다.

05. 첫 번째 코에 빼뜨기를 떠 2단을 마무리합니다.

06. 2단이 완성되었습니다.

코바늘 인형 만들기 기법

코바늘 손뜨개의 기초를 쌓았으니 이제 코바늘 인형 만들기 기법을 배워 보아요. 실 마무리하기, 솜 채우기, 연결하기 등 인형 만들기에 필요한 기법을 꼼꼼하게 익힌 다음 인형 만들기를 시작하세요. 나만의 인형을 더욱 예쁘게 완성할 수 있답니다.

✕ 실 마무리하기

1. 바느질을 위해 실 남기기

01. 마지막 단을 빼뜨기로 마무리한 다음 인형을 만들 때마다 제시되는 도안의 설명에 맞춰 실을 잘라 줍니다.

02. 바늘에 걸린 실을 빼냅니다.

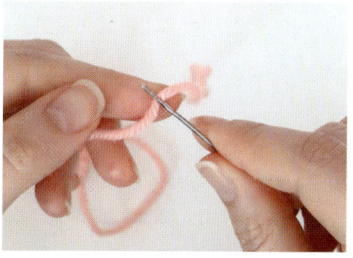

03. 빼낸 실을 돗바늘에 끼우세요. 바느질할 준비가 되었습니다.

TIP

♥ 돗바늘에 실 꿰기 ----------------------------

1. 실의 **끝부분**을 돗바늘에 걸고 반으로 접어 뾰족하게 만듭니다. 이때 실을 손끝에서 조금 보일 정도로만 잡아 주세요.
2. 접힌 실을 바늘귀에 집어넣습니다.
3. 집어넣은 실을 반대편으로 빼내 주세요. 실을 돗바늘에 꿰었습니다.

2. 열린 원형뜨기 후 실 마무리하기

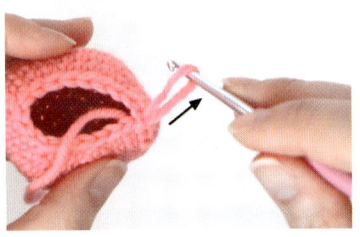

01. 마지막 단을 빼뜨기로 마무리한 다음 바늘에 걸린 실을 10cm 정도 남기고 자릅니다. 바늘에 걸린 실을 빼냅니다.

02. 마지막 단 첫 번째 코에 바늘을 넣습니다. 이때 편물의 안쪽 면에서 겉면으로 바늘을 넣습니다.

03. 바늘을 이용해 01에서 빼낸 실을 화살표 방향으로 가져옵니다.

04. 마무리한 실이 밖으로 빠져나오지 않도록 매듭을 1~2번 지어 주세요.

05. 편물이 깔끔하게 정리되었습니다.

3. 닫힌 원형뜨기 후 실 마무리하기

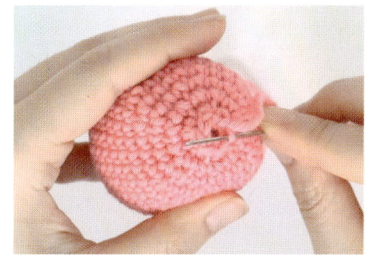

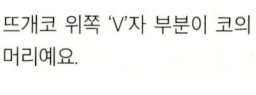
뜨개코 위쪽 'V'자 부분이 코의 머리예요.

코의 머리

01. 1단을 빼뜨기로 마무리한 다음 바늘에 걸린 실을 30cm 정도 남기고 자릅니다. 바늘에 걸린 실을 빼 돗바늘에 꿰어 주세요.

02. 돗바늘로 코의 머리를 갈라 겉 부분에만 아래에서 위로 순서대로 바느질합니다.

03. 마지막 코까지 바느질한 다음 첫 번째 코에 한 번 더 바느질합니다. 실을 당겨 조여 줍니다.

04. 남은 실을 몸통으로 넣어 정리해 마무리합니다.

✕ 솜 채우기

1. 솜을 채우는 기본 요령

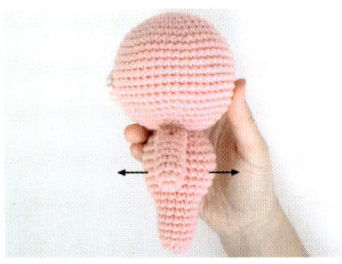

01. 코바늘 인형이 완성된 모습을 생각하면서 솜을 채워야 합니다. 볼록 나온 배와 엉덩이가 포인트라면 솜을 넣을 때 그 부분을 살려서 넣어 주세요.

02. 팔에는 솜을 반만 넣어 주세요. 어깨 끝까지 솜을 밀어 넣으면 팔이 내려가지 않을 수 있습니다. 팔 위쪽 부분을 눌렀을 때 솜이 밖으로 빠져나오면 너무 많이 넣은 거예요.

2. 머리에 솜 채우기

01. 겸자를 이용해 모양이 잡힐 때까지 솜을 적당량 채워 줍니다.

02. 솜을 채운 후 엄지손가락을 편물 안쪽에 넣습니다. 편물을 돌려 가며 가장자리를 먼저 채우고 다져 줍니다.

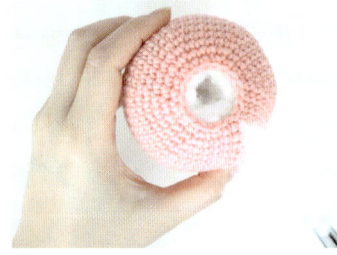

03. 가운데 공간이 생기면 겸자로 솜을 조금씩 나눠 넣습니다.

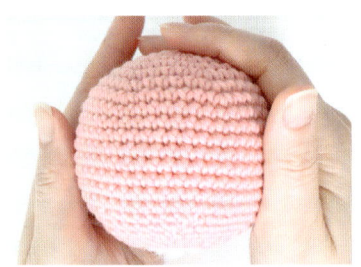

04. 02~03을 반복하고 손으로 만져 가며 모양을 잡아 주세요.

✕ 연결하기

1. 머리와 몸통 연결하기

01. 솜을 채운 머리와 몸통을 준비하고 몸통에 연결된 실을 돗바늘에 꿰어 줍니다. 머리의 마지막 단 빼뜨기 부분의 코와 코 사이 기둥에 돗바늘을 가로로 찔러 넣습니다.

02. 실을 끝까지 당겨 줍니다.

> **TIP**
> 몇 코 바느질한 다음 실을 한꺼번에 당기려고 하면 잘 당겨지지 않습니다. 한 코, 한 코 바느질할 때마다 실을 끝까지 당겨 가며 진행해 주세요.

03. 몸통의 마지막 단 코와 코 사이 기둥에 돗바늘을 가로로 찔러 넣습니다.

04. 01에서 바늘이 통과되어 나온 곳으로 바늘을 가로로 찔러 넣습니다. 몸통과 머리에 번갈아 가며 창구멍이 남을 때까지 이 과정을 반복합니다.

05. 머리와 몸통의 빈 부분을 솜으로 꼼꼼하게 채웁니다.

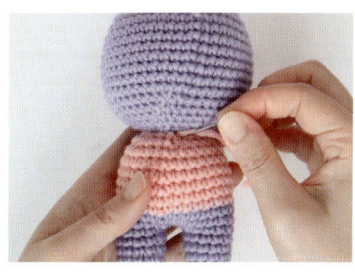

06. 끝까지 바느질하고 실을 정리해 주세요.

2. 팔과 몸통 연결하기

01. 도안대로 팔을 완성하면 한쪽 팔 실은 짧게, 다른 한쪽 팔 실은 길게 남습니다. 짧은 실이 연결된 팔에 솜을 넣고 '닫힌 원형뜨기 후 실 마무리하기' 방법으로 마지막 단을 조입니다. 남은 실을 정리합니다.

02. 긴 실이 연결된 팔에도 솜을 넣고 마지막 단을 조입니다. 빼뜨기 부분에 바늘을 넣어 맞은편으로 빼냅니다.

03. 빼낸 바늘을 한 코 옆에 넣고 처음 바늘을 넣었던 구멍으로 빼 주세요.

04. 팔을 연결할 부위를 확인한 다음 바늘을 가로로 찔러 넣어 반대편으로 빼내 줍니다.

05. 반대편 팔의 빼뜨기 부분을 몸통 안쪽으로 향하게 접은 다음 빼뜨기 부분에 바늘을 넣어 주세요.

06. 바늘을 한 코 옆에 넣고 처음 바늘을 넣었던 구멍으로 빼 주세요.

07. 몸통의 실이 나온 곳으로 바늘을 넣고 반대편 팔까지 실이 지나온 그대로 빼내 줍니다.

08. 팔 부분 실이 나온 곳 바로 옆으로 바늘을 넣어 몸통부터 반대편 팔까지 실이 지나온 그대로 되돌아 빼내 주세요. 팔이 단단하게 고정될 때까지 이 과정을 반복합니다.

09. 팔을 단단하게 고정했다면 반대편 팔의 겨드랑이로 실을 뺀 다음 한 땀 떠 줍니다. 남은 실은 정리합니다.

3. 사슬뜨기로 다리 연결하기

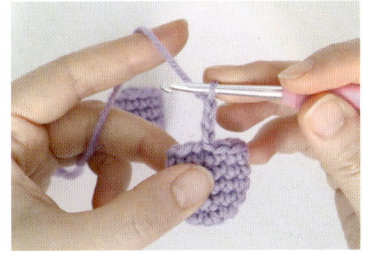

01. 도안대로 뜬 다리를 준비합니다. 마지막으로 완성된 다리에 빼뜨기를 하고 인형을 만들 때마다 제시되는 도안의 설명에 맞춰 사슬뜨기를 합니다. 여기서는 사슬뜨기를 3번 떴습니다.

02. 사슬뜨기를 뜨지 않은 다리의 마지막 단 첫 번째 코에 바늘을 찔러 넣고 짧은뜨기를 끝까지 떠 주세요.

03. 끝까지 뜨고 나면 사슬뜨기한 부분이 나옵니다. 사슬뜨기의 코를 갈라 짧은뜨기를 합니다.

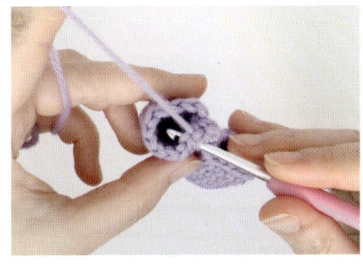

04. 반대편 다리의 첫 번째 코를 찾아 짧은뜨기로 끝까지 둘러 주세요.

05. 03에서 사슬뜨기의 코를 갈라 뜬 부분 맞은편에도 짧은뜨기를 해 주세요. 첫 번째 코를 찾아 빼뜨기하면 다리가 연결됩니다.

4. 사슬뜨기로 앞뒤 구분이 있는 다리 연결하기

01. 도안대로 뜬 다리를 가지런히 놓습니다. 인형의 오른쪽 다리에 바늘을 찔러 넣습니다.

02. 새로운 실을 휘감아 편물 바깥으로 끌고 나옵니다.

03. 다시 한 번 실을 휘감아 고리 사이로 빼냅니다.

04. 짧은 실과 긴 실을 묶어 단단히 고정합니다.

05. 이후 '사슬뜨기로 다리 연결하기' 01~05와 같은 방법으로 떠 주세요. 이때 빼뜨기 부분에 짧은뜨기하지 않도록 주의하세요.

× 기타 기법

1. 실 컬러 바꾸기

01. 단의 마지막 코를 뜰 때 짧은뜨기의 미완성 코를 뜹니다.

02. 왼손으로 새로운 컬러의 실을 잡은 후 바늘에 휘감아 2개의 고리 사이로 빼내 짧은뜨기 코를 완성합니다.

03. 바늘에 코가 걸린 상태에서 뜨개 안쪽 면이 보이게 내려놓고 뜨던 실과 새로운 실을 묶어 줍니다. 뜨던 실의 텐션이 헐거워졌을 수 있으니 묶을 때 살짝 힘을 주세요.

04. 새로운 컬러의 실로 빼뜨기부터 시작합니다. 실 컬러가 바뀌었습니다.

2. 짧은 실 숨기기

01. 원형뜨기를 하면 뜨개 안쪽에 짧은 실이 남습니다. 안쪽 면을 사용하기 위해 짧은 실을 숨겨 봅시다.

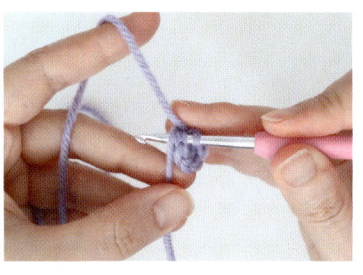

02. 1단에서 실을 조인 다음 빼뜨리하기 전 짧은 실을 1단의 뜨개코와 함께 잡습니다.

03. 빼뜨기 후 기둥코를 뜹니다. 이때 짧은 실을 감싸고 뜨게 됩니다.

04. 짧은 실을 1단과 하나라고 생각하고 감싸면서 2단을 뜹니다.

05. 마지막 코까지 뜨고 빼뜨기한 다음 뒤집으면 감싸고 뜬 사이사이에 짧은 실이 보입니다.

06. 짧은 실을 당겨 줍니다.

07. 남은 실을 바짝 잘라 정리합니다.

08. 편물을 펴 주세요. 짧은 실을 숨겼습니다.

코바늘 인형 더 예쁘게 만드는 법

완성도 높은 코바늘 인형 만들기에 필요한 포인트만 쏙쏙 골라 소개합니다. 커플 인형의 머리는 어떻게 떠야 하는지, 표정을 수놓을 때는 어디부터 수놓아야 하는지 차근차근 읽으며 코바늘 인형 만들기를 본격적으로 준비해 보아요.

✕ 인형을 뜰 때

인형을 뜰 때 편물이 느슨해지지 않도록 주의하세요.
편물을 느슨하게 뜨면 솜을 채울 때 편물이 늘어나 코 사이사이로 구멍이 보일 수 있습니다. 그렇다고 힘을 많이 줘 빡빡하게 뜨는 것도 좋지 않답니다. 어깨나 손목에 무리가 갈 수 있기 때문이에요. 코를 느슨하게 뜨는 사람은 한 호 낮은 코바늘을 사용하는 것이 좋습니다.

커플 인형의 머리는 한 번에 같이 떠 주세요.
시간 차를 두고 커플 인형의 머리를 뜨면 텐션이 달라질 수 있어요. 텐션이 달라지면 인형 크기도 달라진답니다. 커플 인형의 머리는 한 번에 같이 떠 주세요. 한꺼번에 작업해야 비슷한 크기로 완성할 수 있습니다. 머리와 마찬가지로 몸통도 같이 떠 주면 좋습니다. 팔이나 다리, 귀처럼 2개씩 쌍으로 떠야 하는 편물도 한 번에 같이 뜨면 좋습니다.

✕ 솜을 채울 때

떠 놓은 편물의 짜임 정도를 파악한 후 솜을 채우세요.
편물을 느슨하게 뜨고 솜을 많이 채우려고 하면 편물이 늘어날 가능성이 큽니다. 편물의 짜임 정도를 파악하고 솜을 넣으세요.

인형의 모양을 생각하면서 솜을 채우세요.
인형의 모양을 생각하면서 솜을 넣어야 포인트를 살릴 수 있어요. 인형의 모양을 생각하지 않고 솜을 마구 밀어 넣으면 맨 처음 생각한 형태와는 다른 모양으로 완성될 수 있습니다.

솜을 넣어 모양을 잡은 상태에서는 솜을 한꺼번에 많이 넣지 마세요.
인형에 솜을 넣은 상태에서 추가로 솜을 넣을 때, 손으로 한꺼번에 많이 넣지 마세요. 이러한 행위도 편물이 늘어나는 원인 중 하나랍니다. 겸자로 솜을 조금씩 나눠 넣으세요.

✕ 연결할 때와 표정을 수놓을 때

연결 시작점에 시침핀을 꽂아 표시하고 바느질하세요.
편물을 연결할 때 바느질을 시작하는 위치에 시침핀을 꽂아 표시하고 바느질하세요. 시침핀으로 표시하지 않을 때보다 대칭이 잘 맞아 예쁜 인형을 완성할 수 있습니다. 눈으로 어림짐작하지 말고 시침핀으로 표시한 다음 바느질을 시작하세요.

표정을 수놓을 때 중심을 먼저 수놓으세요.
인형 얼굴의 중심인 입을 먼저 수놓으면 표정을 수놓기가 훨씬 쉽습니다. 눈을 먼저 수놓으면 얼굴의 중심을 맞추기가 힘들어 표정이 비뚤어질 수 있습니다. 표정을 수놓을 때 얼굴의 중심인 입을 먼저 수놓은 다음 다른 부분을 수놓으세요.

도안 보는 법

초보자는 기호 도안과 서술형 도안을 번갈아 보느라 종종 코와 단을 놓치기도 합니다. 이러한 불편을 줄이기 위해 직접 도안을 만들었어요. 기호 도안과 서술형 도안을 합친 형태로, 단수와 콧수는 물론 실 컬러와 뜨개 기호까지 한눈에 볼 수 있답니다. 도안 보는 법을 꼼꼼하게 읽고 조금 더 쉽게 코바늘 인형을 만들어 보아요.

1.

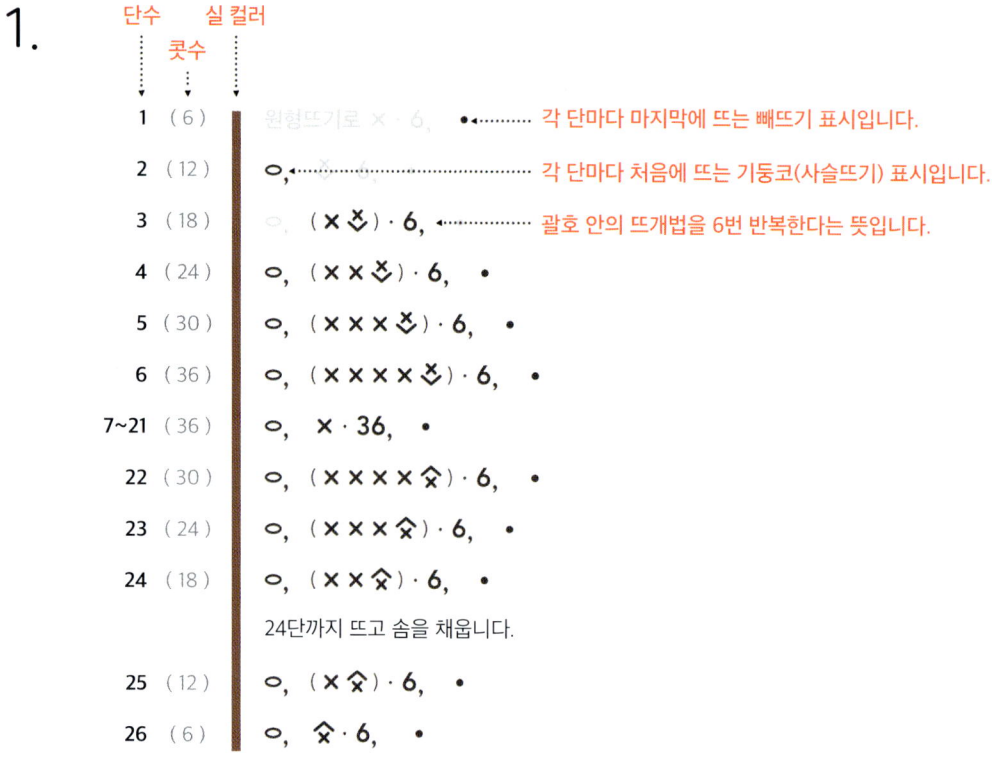

단수
콧수
실 컬러

1 (6) 원형뜨기로 × · 6, • ·········· 각 단마다 마지막에 뜨는 빼뜨기 표시입니다.

2 (12) o, × · 6, ·········· 각 단마다 처음에 뜨는 기둥코(사슬뜨기) 표시입니다.

3 (18) o, (× ♉) · 6, ·········· 괄호 안의 뜨개법을 6번 반복한다는 뜻입니다.

4 (24) o, (× × ♉) · 6, •

5 (30) o, (× × × ♉) · 6, •

6 (36) o, (× × × × ♉) · 6, •

7~21 (36) o, × · 36, •

22 (30) o, (× × × × ♠) · 6, •

23 (24) o, (× × × ♠) · 6, •

24 (18) o, (× × ♠) · 6, •

24단까지 뜨고 솜을 채웁니다.

25 (12) o, (× ♠) · 6, •

26 (6) o, ♠ · 6, •

바느질을 위해 실을 30cm 정도 남긴 다음 부족한 부분에 솜을 더 넣어 모양을 잡습니다.
마지막 단 6코의 머리를 바깥쪽만 갈라 차례로 돗바늘을 통과시킵니다.
실을 잡아당겨 구멍을 오므리고 실을 정리합니다.

2.

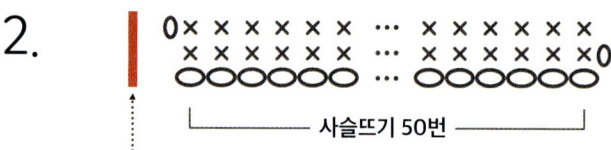

사슬뜨기 50번

실 컬러는 막대 형식으로 표시했습니다. 단마다 바뀌는 실 컬러는 여기에서 확인해 주세요.

3.

0	(4)
1	(10)
2	(12)
3	(16)
4~6	(16)
7	(14)
8	(14)

사슬뜨기

일반적인 원형이 아닌 타원형 편물은
기호 도안으로 따로 표시했습니다.
처음 사슬뜨기부터 표시된 단까지 아래
기호 도안을 참고해 떠 주세요.

바느질을 위해 실을 30cm 정도 남깁니다.

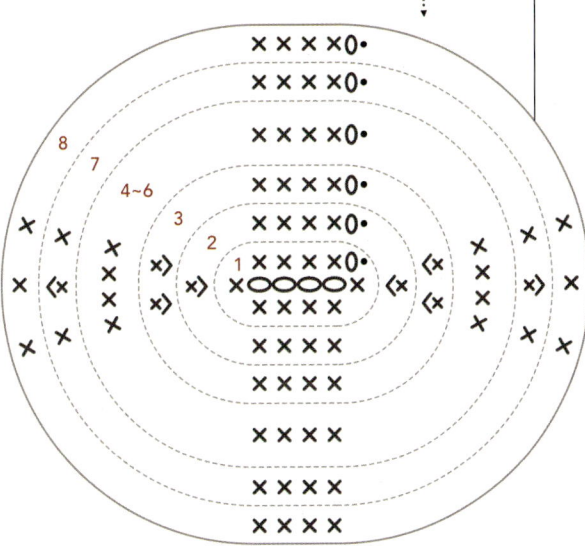

4.

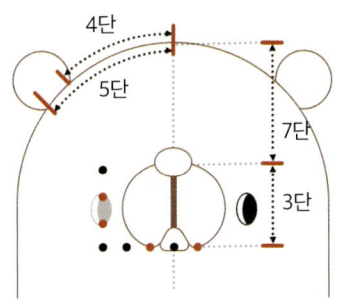

·눈: 블랙 2번, 화이트 1번

표정을 수놓을 위치나 귀, 팔, 발 등을 연결하는 위치는 일러스트로 표시해 두었습니다.
편물의 크기는 사람마다 달라 도안에 표시한 위치가 맞지 않을 수도 있습니다.
도안에 표시한 위치를 참고하되 인형의 크기에 맞춰 바느질해 주세요.

Part 2

+ CROCHET DOLLS +

차근차근 따라하기

Snoop

Justin

비버와 강아지의 만남

저스틴과 스눕

동글동글 몸매가 귀여운 비버 저스틴과 강아지 스눕이에요.
추위를 많이 타는 저스틴은 사계절 내내 목도리를 두르고 다니고,
밖을 좋아하는 강아지 스눕은 언제든 나갈 수 있도록
가방을 메고 모자를 쓰고 있답니다.

―――――――――――――(READY TO DO)―――――――――――――

저스틴 JUSTIN

완성 크기 : 9cm

실 : 4.5mm 울사

연베이지 ▭ , 레드브라운 ▬ , 다홍 ▬ ,
청록 ▬ , 블랙 ▬ , 화이트 ▭

바늘 : 모사용 코바늘 5호, 돗바늘, 일반 바늘

부재료 : 투명실, 지름 4mm 노란색 구슬

스눕 SNOOP

완성 크기 : 10cm

실 : 4.5mm 울사

연베이지 ▭ , 레드브라운 ▬ , 다홍 ▬ ,
청록 ▬ , 진브라운 ▬ , 화이트 ▭ ,
핑크 ▬

바늘 : 모사용 코바늘 5호, 돗바늘, 일반 바늘

부재료 : 투명실, 지름 4mm 초록색 구슬

 **저스틴**

• PATTERN •

╳ 머리&몸통

1	(6)	원형뜨기로 ╳ · 6, •
2	(12)	○, ⚇ · 6, •
3	(18)	○, (╳ ⚇) · 6, •
4	(24)	○, (╳╳ ⚇) · 6, •
5	(30)	○, (╳╳╳ ⚇) · 6, •
6	(36)	○, (╳╳╳╳ ⚇) · 6, •
7~21	(36)	○, ╳ · 36, •
22	(30)	○, (╳╳╳╳ ⚉) · 6, •
23	(24)	○, (╳╳╳ ⚉) · 6, •
24	(18)	○, (╳╳ ⚉) · 6, •

24단까지 뜨고 **솜을 채웁니다.**

25	(12)	○, (╳ ⚉) · 6, •
26	(6)	○, ⚉ · 6, •

바느질을 위해 실을 30cm 정도 남긴 다음 부족한 부분에 솜을 더 넣어 모양을 잡습니다.
마지막 단 6코의 머리를 바깥쪽만 갈라 차례로 돗바늘을 통과시킵니다.
실을 잡아당겨 구멍을 오므리고 실을 정리합니다.

╳ 주둥이

1	(5)	원형뜨기로 ╳ · 5, •

안쪽 면을 사용하기 위해 1단의 빼뜨기에서부터 짧은 실을 숨기면서 뜹니다.

2	(10)	○, ⚇ · 5

빼뜨기로 마무리하지 않고 바느질을 위해 실을 30cm 정도 남깁니다.
숨기면서 뜬 짧은 실은 잡아당겨 바짝 잘라 정리합니다.

╳ 목도리

└─ 사슬뜨기 50번 ─┘

다홍색 실로 사슬뜨기를 50번(**인형 크기에 맞춰 사슬뜨기 개수 조정**) 뜨고 짧은뜨기를 2단 뜹니다.

✕ 꼬리

0	(4)	**사슬뜨기** ⚬ · **4,** ⚬ ────────────
1	(10)	
2	(12)	
3	(16)	
4~6	(16)	
7	(14)	
8	(14)	

바느질을 위해 실을 30cm 정도 남깁니다.

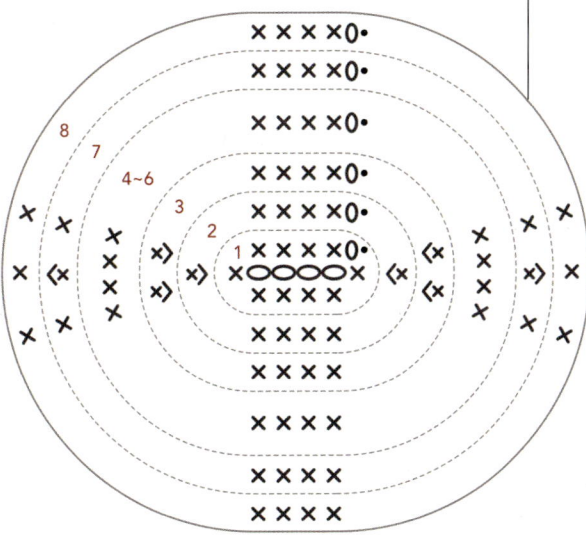

✕ 팔 (2번 떠 주세요.)

1	(5)	**원형뜨기로** ✕ · **5,** •
2~4	(5)	⚬, ✕ · **5,** •

두 팔 중 하나는 실을 15cm 정도 남기고
나머지 하나는 바느질을 위해 실을 40cm
정도 남깁니다.

✕ 발 (2번 떠 주세요.)

1	(6)	**원형뜨기로** ✕ · **6,** •
2	(9)	⚬, (✕ ⚼) · **3,** •
3	(9)	⚬, ✕ · **9,** •

바느질을 위해 실을 30cm 정도 남깁니다.

✕ 귀 (2번 떠 주세요.)

1 (6) ▐ 원형뜨기로 ✕ · 6

빼뜨기로 마무리하지 않고 바느질을 위해
실을 30cm 정도 남깁니다.

✕ 이빨

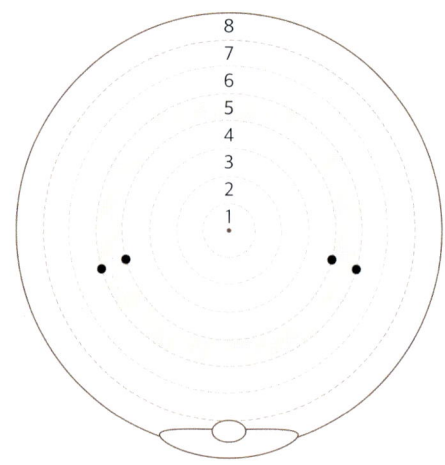

화이트 컬러 실을 20cm가량 남긴 후 도안대로 뜨고
바느질을 위해 20cm 정도 남깁니다.

✕ 표정 및 귀 달기

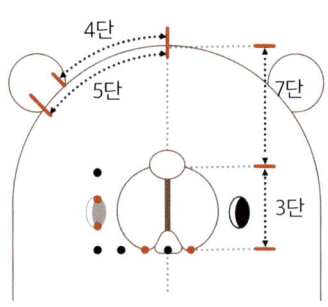

·눈: 블랙 2번, 화이트 1번

위에서 본 귀 시작 위치

✕ 팔 달기

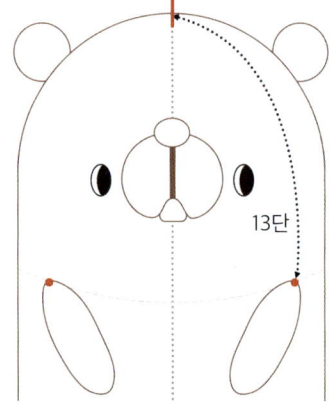

✕ 발 및 꼬리 달기

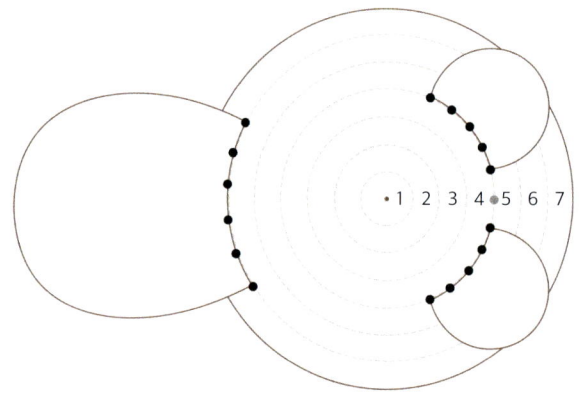

아래에서 본 모습

✕ 머리&몸통

01. 24단까지 뜨고 솜을 넣습니다.

02. 25단, 26단을 뜨고 빼뜨기로 마무리합니다.

03. 빼뜨기 후 남은 실은 바느질을 위해 30cm 정도 남겨 자르고 화살표 방향으로 빼 놓습니다.

04. 솜이 부족한 부분에 솜을 넣어 모양을 만듭니다.

05. 실을 돗바늘에 꿰어 줍니다. 26단 6코의 머리를 바깥쪽만 갈라 차례로 돗바늘을 통과시킵니다.

06. 첫 번째 코에 돗바늘을 한 번 더 통과시켜 마무리합니다. 실을 잡아당겨 구멍을 오므립니다.

07. 오므린 구멍에 돗바늘을 넣어 몸통으로 빼냅니다.

08. 바닥 면을 납작하게 만들기 위해 돗바늘을 빼낸 구멍으로 다시 집어넣고 동그란 바닥 면으로 빼 줍니다.

09. 돗바늘을 한 코 옆으로 집어넣고 몸통으로 빼냅니다. 실을 톡톡 잡아당겨 바닥 면을 납작하게 만듭니다.

10. 둘러 가며 반복해 주세요.

11. 바닥 면이 평평해지면 실을 몸통에 넣어 몇 번 통과시킨 후 잘라 마무리합니다.

✕ 주둥이

12. 편물의 안쪽 면을 겉면으로 사용합니다. 주둥이 아랫부분을 위에서부터 10단에 둡니다. 주둥이 아랫부분 중심을 기준으로 한 코 오른쪽에서 바느질을 시작할 수 있도록 위치를 잡고 시침핀으로 고정합니다.

13. 돗바늘에 실을 꿰어 주둥이와 몸통이 맞닿은 부분을 바느질합니다. 이때 코의 머리를 바느질해 주세요.

14. 주둥이 아랫부분 중심을 기준으로 한 코 왼쪽에서 마무리합니다. 주둥이 아랫부분이 열린 형태로 완성되었습니다.

✕ 코&입

15. 청록 컬러 실을 돗바늘에 걸고 끝에 매듭을 만듭니다. 코의 위치를 시침핀으로 표시하고 몸통에서부터 바늘을 집어넣습니다.

16. 시침핀으로 위치를 잡은 곳으로 돗바늘을 빼냅니다.

17. 한 코 옆으로 돗바늘을 넣고 한 땀 뜬 다음 처음 실이 나온 위치로 바늘을 빼냅니다.

18. 16~17을 3~4번 반복해 코의 모양을 잡고 몸통으로 바늘을 빼 실을 정리합니다.

19. 청록 컬러 실을 돗바늘에 새로 걸고 끝에 매듭을 지은 후, 코 위쪽 몸통 부위에 바늘을 집어넣습니다.

20. 집어넣은 바늘을 위에서부터 8단, 주둥이 안쪽 부분으로 빼내 주둥이 아랫부분 열린 곳으로 나오게 합니다.

21. 실을 위로 힘껏 끌어올려 주둥이의 갈라진 부분을 표현합니다.

22. 코 바로 아래로 돗바늘을 넣습니다.

23. 몸통으로 바늘을 넣어 실을 정리합니다.

× 눈

24. 돗바늘에 블랙 컬러 실을 꿰어 끝에 매듭을 만든 다음 몸통으로 바늘을 넣습니다. 주둥이 바느질을 시작한 곳 1단 위로 바늘을 빼냅니다.

25. 1단 위로 바늘을 넣어 처음 바늘을 빼낸 자리로 한 땀 떠 줍니다.

26. 다시 바늘을 1단 위로 집어넣고 반대쪽 눈 위치로 빼냅니다.

27. 반대쪽 눈도 두 번 바느질한 다음 실을 정리합니다.

28. 화이트 컬러 실을 바늘에 꿰고 매듭을 지은 다음 블랙 컬러로 수놓은 구멍으로 빼냅니다.

29. 블랙 컬러 실과 같은 방법으로 바느질하되 한 번만 바느질하고 실을 정리합니다.

✕ 이빨

30. 이빨을 도안대로 뜨면 양쪽에 실이 길게 남습니다. 한쪽 실을 돗바늘에 걸어 줍니다. 주둥이가 갈라진 곳에 위치를 잡은 다음 몸통으로 통과시킵니다.

31. 다른 쪽 실도 돗바늘에 걸어 몸통으로 통과시킵니다.

32. 이빨 위치를 잡은 다음 양쪽 실 모두 몸통에 숨겨 정리합니다.

✕ 귀

33. 위에서부터 4단, 5단에 시침핀을 꽂아 위치를 잡습니다. 양쪽 귀가 대칭을 이루도록 위치를 잡아 줍니다.

34. 편물의 겉면을 정면으로 향하게 한 후 돗바늘을 걸어 주세요. 위에서부터 4단 시침핀이 꽂힌 위치로 돗바늘을 넣어 5단 시침핀이 꽂힌 위치로 빼냅니다.

35. 귀 아래쪽 끝 부분을 고정합니다.

36. 다시 5단에 바늘을 넣고 4단으로 빼내 한 번 더 고정합니다.

37. 남은 실을 정리합니다.

38. 반대편 귀도 34~37과 같은 방법으로 완성합니다.

╳ 팔

39. 위에서부터 13단에 시침핀을 꽂아 위치를 표시합니다. 양쪽 팔이 대칭을 이루도록 위치를 잡아 줍니다. 저스틴의 팔에는 솜을 넣지 않습니다.

40. 짧은 실이 남은 팔의 끝부분을 '닫힌 원형뜨기 후 실 마무리하기' 방법으로 조여 줍니다. 남은 실은 정리합니다.

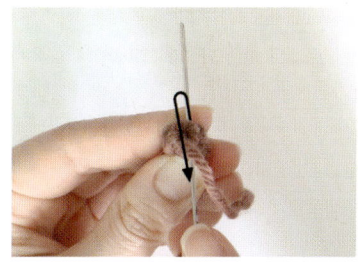

41. 긴 실이 남은 팔의 끝부분도 조여 줍니다. 바느질하기 쉽게 실을 한 번 통과시켜 같은 자리로 빼내 주세요.

42. 시침핀을 꽂은 13단에 바늘을 넣고 반대쪽 팔 위치로 빼냅니다.

43. 팔의 빼뜨기 부분을 몸통 안쪽으로 향하게 반으로 접은 다음 돗바늘을 통과시킵니다. 반대쪽 팔을 바늘에 걸었습니다.

44. 실이 나온 구멍 한 코 옆으로 바늘을 넣습니다. 바늘을 통과시킨 후 몸통의 실이 나온 구멍으로 바늘을 집어넣습니다.

45. 실이 지나온 그대로 몸통과 팔에 바늘을 통과시켜 주세요.

46. 42~45을 2~3번 반복해 팔을 단단하게 고정합니다.

47. 겨드랑이로 바늘을 빼냅니다. 한 땀을 떠 단단하게 고정하고 몸통으로 실을 숨겨 정리해 주세요.

✕ 발

48. 몸통 아래에서부터 4단에 시침핀을 꽂아 위치를 잡습니다. 도안에서 시침핀 꽂는 위치를 확인해 주세요.

49. 발을 반으로 접어 바느질합니다. 반대쪽 발도 동일하게 진행해 주세요.

50. 시침핀으로 표시한 곳에 바늘을 넣고 시작점에서 반대쪽 네 번째 구멍으로 빼냅니다.

51. 네 번째 구멍에 맞닿는 발의 끝부분을 돗바늘에 걸어 주세요. 돗바늘이 나온 네 번째 구멍으로 바늘을 집어넣고, 처음 바늘을 넣었던 곳으로 빼냅니다. 첫 번째 구멍이 닿는 부분을 한 번 더 걸어 단단하게 고정하고 중간 부분도 마저 바느질해 주세요.

52. 발과 몸통이 맞닿은 부분의 안쪽도 고정해 줍니다. 몸통으로 바늘을 빼 정리해 주세요. 반대쪽 발도 동일하게 진행합니다.

✕ 꼬리

53. 몸통 아래에서부터 6단에 시침핀을 꽂아 위치를 잡습니다. 도안에서 시침핀 꽂는 위치를 확인해 주세요.

54. 꼬리를 반으로 접어 바느질합니다.

55. 시침핀이 꽂힌 위치에 돗바늘을 넣고 반대쪽 시침핀이 꽂힌 위치로 바늘을 빼냅니다. 꼬리 끝 쪽을 돗바늘로 걸어 주세요.

56. 실이 나온 구멍으로 돗바늘을 집어넣고 처음 바늘을 넣었던 곳으로 빼낸 다음 끝 쪽을 한 번 더 걸어 단단하게 고정해 주세요.

57. 실이 나온 구멍으로 돗바늘을 한번 더 넣은 후 꼬리와 몸통이 맞닿은 중간 부분도 고정합니다. 몸통으로 바늘을 빼 정리해 주세요.

✕ 목도리

58. 도안대로 뜬 목도리의 양쪽 실을 편물 안으로 넣어 정리합니다.

59. 투명실로 목도리가 겹치는 부분에 노란색 구슬을 달아 주세요.

60. 목도리를 둘러 주면 완성입니다.

완성!

 스눕

•PATTERN•

╳ 머리&몸통

1	(6)	원형뜨기로 ╳ · 6, •
2	(12)	○, ♉ · 6, •
3	(18)	○, (╳ ♉) · 6, •
4	(24)	○, (╳ ╳ ♉) · 6, •
5	(30)	○, (╳ ╳ ╳ ♉) · 6, •
6	(36)	○, (╳ ╳ ╳ ╳ ♉) · 6, •
7~21	(36)	○, ╳ · 36, •
22	(30)	○, (╳ ╳ ╳ ╳ ♤) · 6, •
23	(24)	○, (╳ ╳ ╳ ♤) · 6, •
24	(18)	○, (╳ ╳ ♤) · 6, •

24단까지 뜨고 솜을 채웁니다.

| 25 | (12) | ○, (╳ ♤) · 6, • |
| 26 | (6) | ○, ♤ · 6, • |

바느질을 위해 실을 30cm 정도 남긴 다음 부족한 부분에 솜을 더 넣어 모양을 잡습니다.
마지막 단 6코의 머리를 바깥쪽만 갈라 차례로 돗바늘을 통과시킵니다.
실을 잡아당겨 구멍을 오므리고 실을 정리합니다.

╳ 모자

1	(6)	원형뜨기로 ╳ · 6, •
2	(12)	○, ♉ · 6, •
3	(18)	○, (╳ ♉) · 6, •
4	(18)	○, ╳ · 18, •

바느질을 위해 실을 30cm 정도 남깁니다.

╳ 주둥이

1	(5)	원형뜨기로 ╳ · 5, •

안쪽 면을 사용하기 위해 1단의 빼뜨기에서부터 짧은 실을 숨기면서 뜹니다.

| 2 | (10) | ○, ♉ · 5 |

빼뜨기로 마무리하지 않고 바느질을 위해 실을 30cm 정도 남깁니다.
숨기면서 뜬 짧은 실은 잡아당겨 바짝 잘라 정리합니다.

✕ 가방

0	(4)	**사슬뜨기** ⭕ · **4,** ⭕ ────────────────
1	(10)	
2	(10)	
3	(10)	
4	(10)	

빼뜨기 후 몸통에 알맞은 길이로 사슬뜨기를 뜹니다.

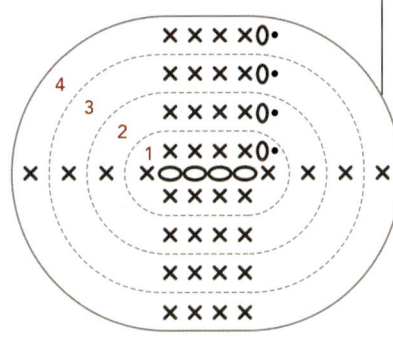

✕ 팔 (2번 떠 주세요.)

1	(5)	**원형뜨기로** ✕ · **5,** •
2~4	(5)	⭕, ✕ · **5,** •

두 팔 중 하나는 실을 15cm 정도 남기고
나머지 하나는 바느질을 위해 실을 40cm
정도 남깁니다.

✕ 발 (2번 떠 주세요.)

1	(6)	**원형뜨기로** ✕ · **6,** •
2	(9)	⭕, (✕ ⚇) · **3,** •
3	(9)	⭕, ✕ · **9,** •

바느질을 위해 실을 30cm 정도 남깁니다.

✕ 귀 (2번 떠 주세요.)

1	(6)	**원형뜨기로** ✕ · **6,** •

안쪽 면이 노출되므로 1단의 빼뜨기에서부터 짧은 실을 숨기면서 뜹니다.

2	(12)	⭕, ⚇ · **6,** •

바느질을 위해 실을 30cm 정도 남깁니다.
숨기면서 뜬 짧은 실은 잡아당겨 바짝 잘라 정리합니다.

✕ 꼬리

1	(6)	원형뜨기로 ✕ · 6, •
2~5	(6)	o, ✕ · 6, •

바느질을 위해 실을 30cm 정도 남깁니다.

✕ 혓바닥

핑크 컬러 실을 20cm가량 남긴 후 도안대로 뜨고
바느질을 위해 20cm 정도 남깁니다.

✕ 표정 및 귀 달기

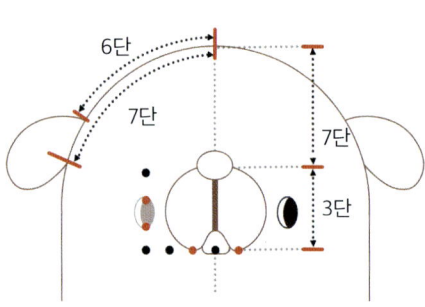

·눈: 진브라운 2번, 화이트 1번

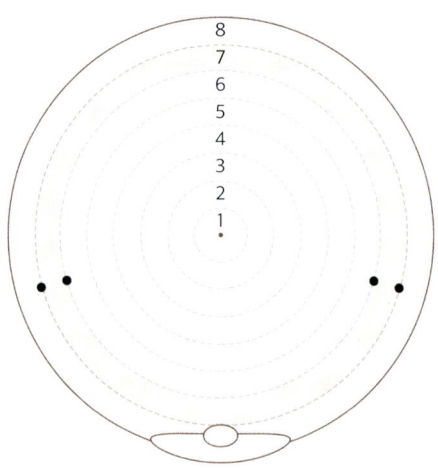

위에서 본 귀 시작 위치

✕ 팔 달기

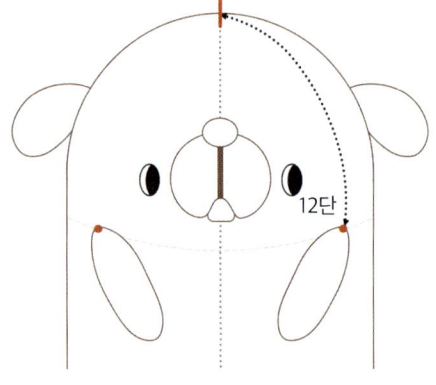

✕ 발 달기

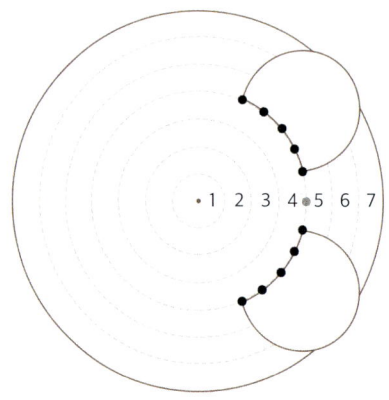

아래에서 본 모습

✕ 꼬리 달기

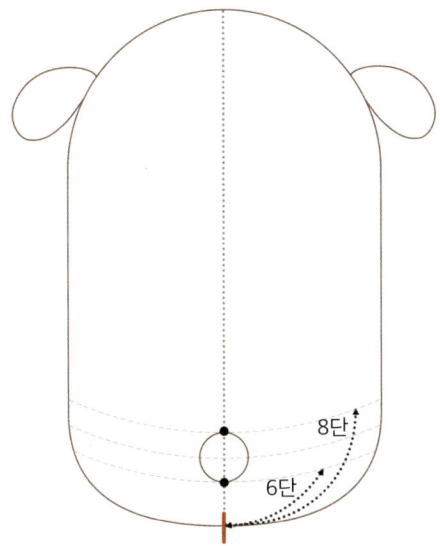

8단

6단

✕ 머리&몸통&주둥이&표정　　✕ 귀

01. 솜을 넣어 머리와 몸통을 완성합니다. 주둥이를 달고 코와 눈을 수놓습니다. 혓바닥도 달아 주세요. ▶47쪽 저스틴 01~29를 참고하세요. '혓바닥' 바느질 방법은 50쪽 저스틴 30~32와 동일합니다.

02. 위에서부터 6단, 7단에 시침핀을 꽂아 귀의 위치를 잡습니다. 양쪽 귀가 대칭을 이루도록 위치를 잡아 줍니다.

03. 귀에 돗바늘을 걸고 위에서부터 6단 시침핀이 꽂힌 위치로 넣어 7단 시침핀이 꽂힌 위치로 빼냅니다.

04. 몸통과 귀가 맞닿는 부분으로 바늘을 빼 줍니다.

05. 귀의 반대편으로 바늘을 통과시킵니다.

06. 처음 바늘을 넣은 곳에 다시 바늘을 넣고 03~05를 반복해 단단히 고정합니다.

07. 반대쪽 귀도 03~06과 같은 방법으로 완성합니다.

× 팔

08. 위에서부터 12단에 시침핀을 꽂아 위치를 잡고 팔을 달아 줍니다. ▶51쪽 저스틴 39~47을 참고하세요. 팔을 다는 방법은 동일하지만 위치는 다릅니다.

× 발

09. 아래에서부터 4단에 위치를 잡고 발을 달아 줍니다. ▶52쪽 저스틴 48~52를 참고하세요.

× 꼬리

10. 아래에서부터 6단에서 시작해 몸통과 맞닿은 부분을 바느질해 꼬리를 답니다.

× 모자

11. 모자 편물의 안쪽 면에 남은 짧은 실을 돗바늘을 이용해 겉면으로 빼 주세요.

12. 빼 주면서 생긴 고리에 코바늘을 걸어 겉면으로 빠지지 않도록 만든 후 실을 매듭지어 줍니다. 모자의 꼭지 부분이 완성되었습니다.

13. 편물의 안쪽 면을 겉으로 오게 한 다음 시침핀을 꽂아 위치를 잡습니다. 바느질해 고정해 주세요.

✕ 가방

14. 도안대로 가방을 뜬 다음 알맞은 길이로 사슬뜨기를 뜨고 몸통에 둘러 확인합니다.

15. 실을 25cm 정도 남기고 자른 후 돗바늘에 끼워 가방의 반대쪽 옆 선에 고정합니다.

16. 가방 안으로 실을 정리하고 투명 실로 가방 중앙에 초록색 구슬을 답니다. 완성된 가방을 몸통에 둘러 주세요.

완성!

Honey   Bonny   Rosie

귀여운 동물 친구들

피터패트

피터패트는 '심장이 두근두근'이란 뜻이에요.

언제나 다정한 토끼 보니, 귀엽고 순진한 곰 허니, 사려 깊은 고양이 로지로 구성된답니다.

피터패트를 모두 완성하고 나면 아이들의 귀여움에 보고만 있어도

심장이 두근거릴 거예요.

READY TO DO

보니 BONNY

완성 크기 : 17cm
실 : 4.5mm 울사
연핑크 ▨ , 스킨 ▨ , 와인 ▨ , 핑크 ▨ ,
화이트 ▨
바늘 : 모사용 코바늘 5호, 돗바늘, 일반 바늘
부재료 : 퀼팅실, 지름 5mm 연하늘색 단추,
분홍색 리본, 레이스

로지 ROSIE

완성 크기 : 16cm
실 : 4.5mm 울사
진그레이 ▨ , 연그레이 ▨ , 민트 ▨ ,
핑크 ▨ , 화이트 ▨
바늘 : 모사용 코바늘 5호, 돗바늘, 일반 바늘
부재료 : 퀼팅실, 지름 1cm 흰색 폼폼, 민트색 리본, 레이스

허니 HONEY

완성 크기 : 16cm
실 : 4.5mm 울사
머스터드 ▨ , 레드브라운 ▨ , 스킨 ▨ ,
차콜그레이 ▨
바늘 : 모사용 코바늘 5호, 돗바늘, 일반 바늘
부재료 : 퀼팅실, 지름 1cm 흰색 폼폼, 노란
색 리본, 레이스

 보니

• PATTERN •

✕ 머리

1	(6)	원형뜨기로 ✕ · **6**, •
2	(12)	○, ✂ · **6**, •
3	(18)	○, (✕ ✂) · **6**, •
4	(24)	○, (✕ ✕ ✂) · **6**, •
5	(30)	○, (✕ ✕ ✕ ✂) · **6**, •
6	(36)	○, (✕ ✕ ✕ ✕ ✂) · **6**, •
7	(42)	○, (✕ ✕ ✕ ✕ ✕ ✂) · **6**, •
8	(48)	○, (✕ ✕ ✕ ✕ ✕ ✕ ✂) · **6**, •
9~16	(48)	○, ✕ · **48**, •
17	(42)	○, (✕ ✕ ✕ ✕ ✕ ✕ ✿) · **6**, •
18	(36)	○, (✕ ✕ ✕ ✕ ✕ ✿) · **6**, •
19	(30)	○, (✕ ✕ ✕ ✕ ✿) · **6**, •
20	(24)	○, (✕ ✕ ✕ ✿) · **6**, •
21	(18)	○, (✕ ✕ ✿) · **6**, •

실은 정리해 주세요.

✕ 귀 (2번 떠 주세요.)

1	(5)	원형뜨기로 ✕ · **5**, •
2	(10)	○, ✂ · **5**, •
3	(15)	○, (✕ ✂) · **5**, •
4~8	(15)	○, ✕ · **15**, •

바느질을 위해 실을 40cm 정도 남깁니다.

✕ 팔 (2번 떠 주세요.)

1	(4)	원형뜨기로 ✕ · **4**, •
2	(8)	○, ✂ · **4**, •
3~9	(8)	○, ✕ · **8**, •

두 팔 중 하나는 실을 15cm 정도 남기고
나머지 하나는 바느질을 위해 실을 40cm
정도 남깁니다.

✕ 주둥이

1	(6)	원형뜨기로 ✕ · **6**, •

안쪽 면을 사용하기 위해 1단의 빼뜨기에서부터 짧은 실을 숨기면서 뜹니다.

2	(12)	○, ✂ · **6**, •

바느질을 위해 실을 30cm 정도 남깁니다.
숨기면서 뜬 짧은 실은 잡아당겨 바짝 잘라 정리합니다.

✕ 몸통&다리 (다리는 2번 떠 주세요.)

1 (6)	원형뜨기로 ✕ · 6, •	
2 (12)	○, ⚒ · 6, •	
3~6 (12)	○, ✕ · 12, •	

실을 자르고 정리한 후,
1~6단을 반복해 하나 더 뜨고 빼뜨기 후 사슬뜨기를 3번 뜹니다.

7 (30)	왼쪽 다리에 ✕ · 12, 사슬뜨기에 ✕ · 3,	
	오른쪽 다리에 ✕ · 12, 사슬뜨기에 ✕ · 3, •	

33쪽 '사슬뜨기로 다리 연결하기'를 참고해 양쪽 다리를 연결해 주세요.

8~15 (30)	○, ✕ · 30, •	
16 (24)	○, (✕ ✕ ✕ ⚒) · 6, •	
17 (18)	○, (✕ ✕ ⚒) · 6, •	

바느질을 위해 실을 40cm 정도 남깁니다.

✕ 가방

0 (4)	사슬뜨기 ⬭ · 4, ○
1 (10)	
2 (10)	
3 (10)	
4 (10)	

빼뜨기 후 몸통에 알맞은 길이를 확인하고 20cm 정도
여유 있게 자릅니다.

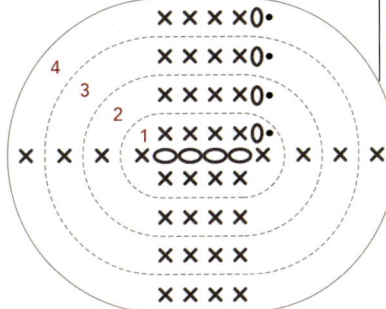

✕ 표정 및 귀 달기

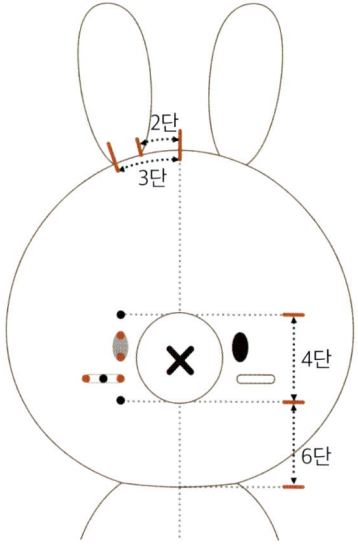

·입: 핑크 1번
·눈: 와인 2번
·볼: 화이트 1번

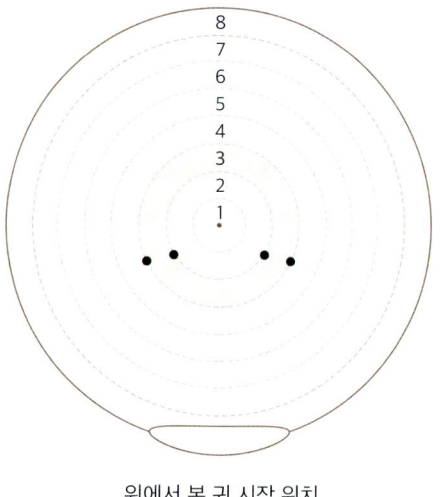

위에서 본 귀 시작 위치

✕ 팔 달기

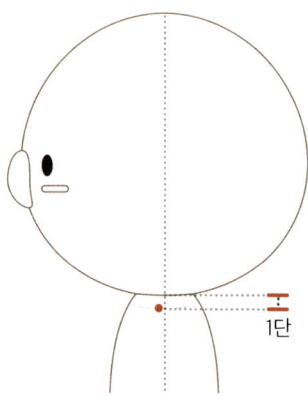

몸통 위에서부터 1단 아래에 팔을 달아 주세요.
세로 중심선을 기준으로 조금 앞쪽에 달아 주는 것이 좋습니다.

╳ 머리&몸통

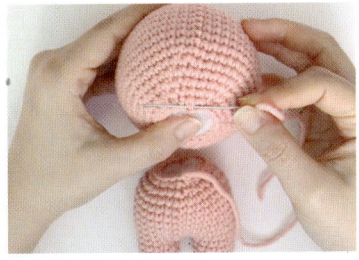

01. 머리와 몸통에 솜을 넣은 다음 몸통에 연결된 실을 돗바늘에 끼웁니다. 머리의 마지막 단 빼뜨기 부분의 코와 코 사이 기둥에 돗바늘을 가로로 찔러 넣습니다.

> **TIP**
> 머리와 몸통의 빼뜨기 부분을 맞붙게 바느질하면 빼뜨기 라인이 한 곳으로 모입니다. 이 부분을 인형의 뒷면으로 사용하세요.

02. 몸통의 마지막 단 코와 코 사이 기둥에 돗바늘을 가로로 찔러 넣고 실을 끝까지 당깁니다. 몇 코 바느질한 후 실을 한꺼번에 당기려고 하면 잘 당겨지지 않으니 바느질 후 매번 실을 당겨 진행해 주세요.

03. 01에서 바늘이 통과되어 나온 곳으로 바늘을 넣고 코와 코 사이 기둥에 가로로 찔러 넣습니다. 머리와 몸통에 같은 동작을 반복합니다.

04. 창구멍을 남기고 솜이 부족한 부분을 채워 줍니다. 이때 배와 엉덩이가 볼록 나오도록 모양을 잡아 주세요.

05. 끝까지 바느질하고 마무리합니다.

╳ 팔

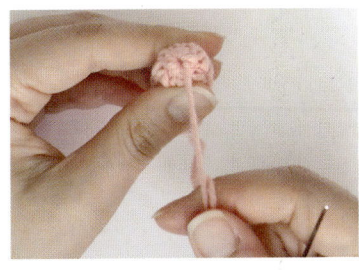
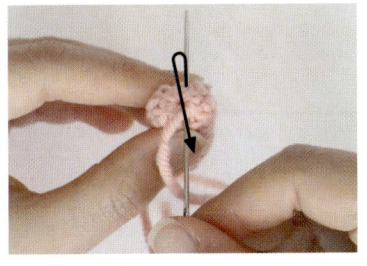

06. 양쪽 팔 모두 솜을 반만 넣고 조여 줍니다. 짧은 실이 남은 팔의 실을 정리합니다.

07. 긴 실이 연결된 팔의 빼뜨기 부분에 바늘을 넣고 맞은편으로 통과시킵니다. 바늘을 한 코 옆으로 넣어 처음 바늘을 넣었던 빼뜨기 부분으로 빼냅니다.

08. 몸통 위에서부터 1단 아래에 바늘을 넣고 반대편으로 나옵니다.

09. 반대편 팔의 빼뜨기 부분을 몸통 안쪽으로 향하게 접은 후 빼뜨기 부분에 바늘을 넣고 통과시킵니다. 바늘을 한 땀 옆으로 넣어 처음 바늘을 넣었던 빼뜨기 부분으로 빼냅니다.

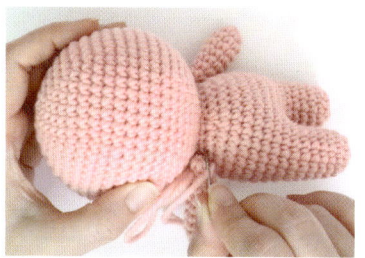

10. 몸통에 실이 나온 곳으로 바늘을 넣고 실이 지나온 그대로 몸통과 팔에 바늘을 통과시켜 주세요. 이 과정을 몇 번 반복해 팔을 단단하게 고정합니다.

11. 겨드랑이로 바늘을 빼낸 후 한 땀을 떠 단단하게 고정합니다. 남은 실은 몸통으로 숨겨 정리해 주세요.

✕ 주둥이&표정

12. 주둥이 편물의 안쪽 면을 겉면으로 사용합니다. 주둥이 아랫부분을 머리 아래에서부터 6단에 두고 시침핀으로 고정합니다.

13. 편물 아랫부분부터 바느질을 시작해 머리와 편물이 맞닿는 부분을 바느질합니다. 이때 코의 머리에 바느질해 주세요.

14. 끝까지 바느질한 다음 실을 몸통으로 숨겨 정리합니다.

✕ 귀

15. 도안에서 위치를 확인하고 입, 눈, 볼 순으로 수놓습니다. 이때 눈은 두 번 수놓는데 두 번째 수를 놓을 때 첫 번째 수를 놓았던 실 위를 감싸듯이 수놓으면 인형을 더 예쁘게 완성할 수 있습니다.

16. 빼뜨기 부분이 가운데로 오도록 귀를 접어 줍니다. 길게 뺀 실을 돗바늘에 걸어 첫 번째 코에 넣은 후 반대편으로 빼냅니다. 다시 귀를 반으로 접어 바느질해 고정합니다.

17. 끝까지 바느질한 후 제일 끝부분 코와 코 사이의 기둥을 찾아 돗바늘을 통과시킵니다.

18. 한 번 더 코와 코 사이 기둥을 감싸면서 돗바늘을 통과시키고 단단하게 고정합니다.

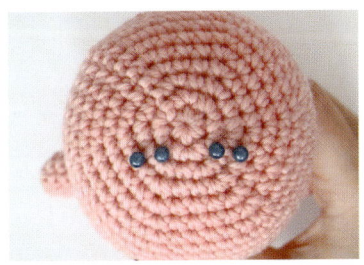

19. 도안에서 귀의 위치를 확인한 후 시침핀으로 표시합니다.

20. 표시된 곳을 한 땀 뜹니다.

21. 돗바늘을 귀의 앞쪽 끝부분에 통과시킵니다.

22. 20~21을 반복해 귀의 앞쪽에서 뒤쪽까지 바느질한 후 귀의 끝부분을 고정하고 실을 정리합니다.

23. 반대편 귀도 동일하게 달아 줍니다.

× 레이스&리본

24. 레이스 끝을 바느질해 고정하고 리본을 묶어 주세요. 이때 레이스의 윗부분이 리본 위로 나오도록 정리해 주세요.

× 가방

25. 가방을 뜨고 남은 실을 몸통에 둘러 길이를 확인한 다음 20cm 정도 여유 있게 자릅니다. 돗바늘에 연결해 가방 옆 선에 고정하고 남은 실은 가방 안으로 정리해 주세요. 가방 중앙에 연하늘색 단추를 달아 줍니다.

완성!

허니

• PATTERN •

✕ 머리

1	(6)	**원형뜨기로 ✕ · 6,** •
2	(12)	○, ✖ · 6, •
3	(18)	○, (✕ ✖) · 6, •
4	(24)	○, (✕ ✕ ✖) · 6, •
5	(30)	○, (✕ ✕ ✕ ✖) · 6, •
6	(36)	○, (✕ ✕ ✕ ✕ ✖) · 6, •
7	(42)	○, (✕ ✕ ✕ ✕ ✕ ✖) · 6, •
8	(48)	○, (✕ ✕ ✕ ✕ ✕ ✕ ✖) · 6, •
9~16	(48)	○, ✕ · 48, •
17	(42)	○, (✕ ✕ ✕ ✕ ✕ ✕ ✿) · 6, •
18	(36)	○, (✕ ✕ ✕ ✕ ✕ ✿) · 6, •
19	(30)	○, (✕ ✕ ✕ ✕ ✿) · 6, •
20	(24)	○, (✕ ✕ ✕ ✿) · 6, •
21	(18)	○, (✕ ✕ ✿) · 6, •

실은 정리해 주세요.

✕ 주둥이

1	(6)	**원형뜨기로 ✕ · 6,** •

안쪽 면을 사용하기 위해 1단의 빼뜨기에서부터 짧은 실을 숨기면서 뜹니다.

2	(12)	○, ✖ · 6, •

바느질을 위해 실을 30cm 정도 남깁니다.
숨기면서 뜬 짧은 실은 잡아당겨 바짝 잘라 정리합니다.

✕ 몸통&다리 (다리는 2번 떠 주세요.)

1	(6)	원형뜨기로 ✕ · 6, •
2	(12)	○, ✻ · 6, •
3~6	(12)	○, ✕ · 12, •

실을 자르고 정리한 후,
1~6단을 반복해 하나 더 뜨고 빼뜨기 후 사슬뜨기를 3번 뜹니다.

7	(30)	왼쪽 다리에 ✕ · 12, 사슬뜨기에 ✕ · 3,
		오른쪽 다리에 ✕ · 12, 사슬뜨기에 ✕ · 3, •

33쪽 '사슬뜨기로 다리 연결하기'를 참고해 양쪽 다리를 연결해 주세요.

8~15	(30)	○, ✕ · 30, •
16	(24)	○, (✕ ✕ ✕ ✿) · 6, •
17	(18)	○, (✕ ✕ ✿) · 6, •

바느질을 위해 실을 40cm 정도 남깁니다.

✕ 팔 (2번 떠 주세요.)

1	(4)	원형뜨기로 ✕ · 4, •
2	(8)	○, ✻ · 4, •
3~9	(8)	○, ✕ · 8, •

두 팔 중 하나는 실을 15cm 정도 남기고 나머지 하나는 바느질을 위해 실을 40cm 정도 남깁니다.

✕ 귀 (2번 떠 주세요.)

1	(6)	원형뜨기로 ✕ · 6, •
2	(12)	○, ✻ · 6, •
3	(18)	○, (✕ ✻) · 6, •

바느질을 위해 실을 40cm 정도 남깁니다.

✕ 고깔

1	(6)	원형뜨기로 ✕ · 6, •
2	(9)	○, (✕ ✻) · 3, •
3	(9)	○, ✕ · 9, •
4	(12)	○, (✕ ✕ ✻) · 3, •
5	(15)	○, (✕ ✕ ✕ ✻) · 3, •

바느질을 위해 실을 30cm 정도 남깁니다.

× 표정 및 귀 달기

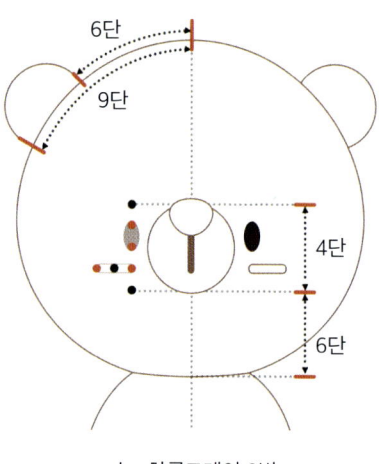

·눈: 차콜그레이 2번
·볼: 스킨 1번

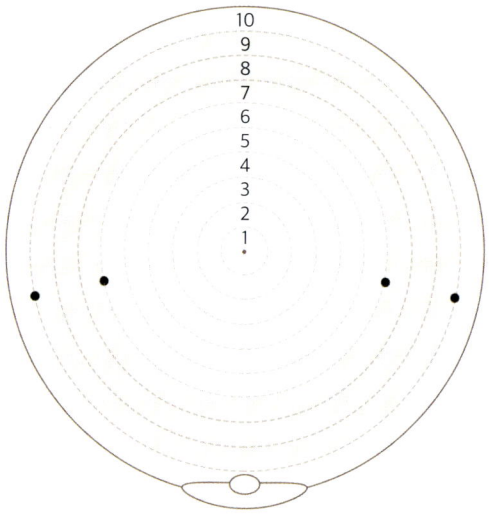

위에서 본 귀 시작 위치

× 팔 달기

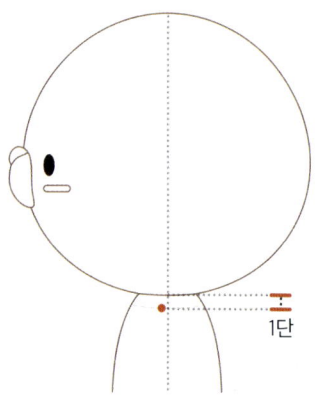

몸통 위에서부터 1단 아래에 팔을 달아 주세요.
세로 중심선을 기준으로 조금 앞쪽에 달아 주는 것이 좋습니다.

✕ 머리&몸통&팔

01. 솜을 넣고 머리와 몸통을 연결한 다음 몸통 위에서부터 1단 아래에 양쪽 팔을 달아 줍니다. ▶65쪽 보니 01~11을 참고하세요.

✕ 주둥이&코&입

02. 주둥이 편물의 안쪽 면을 겉면으로 사용합니다. 주둥이 아랫부분을 머리 아래에서부터 6단에 두고 시침핀으로 고정합니다. 머리와 맞닿는 부분을 바느질합니다. ▶66쪽 보니 12~14를 참고하세요.

03. 돗바늘에 레드브라운 컬러 실을 끼운 다음 매듭지어 줍니다. 돗바늘을 몸통으로 넣어 매듭을 몸통 안으로 숨깁니다. 코의 아래가 될 부분으로 바늘을 빼냅니다.

04. 코의 위쪽으로 바늘을 넣고 코의 아래쪽으로 바늘을 빼 코의 중심을 표현합니다.

05. 왼쪽부터 부채꼴 모양으로 바느질하고 왼쪽이 채워지면 오른쪽으로 바늘을 옮겨 코의 오른쪽을 마저 채웁니다.

06. 주둥이 아래쪽으로 돗바늘을 빼냅니다.

07. 코의 아래 가운데에 돗바늘을 넣고 몸통 안으로 실을 넣어 정리합니다.

✕ 표정   ## ✕ 귀

08. 도안에서 위치를 확인하고 눈, 볼 순으로 수놓습니다. 이때 눈은 두 번 수 놓는데 두 번째 수를 놓을 때 첫 번째 수를 놓았던 실 위를 감싸듯이 수놓으면 인형을 더 예쁘게 완성할 수 있습니다.

09. 도안대로 뜬 귀 편물을 준비합니다. 빼뜨기한 다음 길게 빼 준 실을 돗바늘에 걸고 귀를 눌러 접습니다. 첫 번째 코에 돗바늘을 넣어 맞은편 코로 빼냅니다.

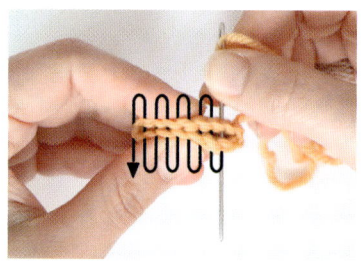

10. 돗바늘을 옆 코로 넣고 맞은편 코로 빼냅니다. 이를 반복합니다.

11. 도안에서 귀의 위치를 확인한 후 시침핀으로 위치를 잡습니다.

12. 위에서부터 6단 시침핀이 꽂힌 위치로 바늘을 넣고 9단 시침핀이 꽂힌 곳으로 빼냅니다.

13. 귀의 끝을 바늘에 걸어 주세요.

14. 실이 나온 구멍으로 돗바늘을 넣고 머리로 빼냅니다. 이때 귀의 뒷부분 중간이 머리에 닿는 위치로 바늘을 빼 주세요.

15. 머리 뒷부분으로 빼낸 바늘을 귀의 중심으로 통과시킵니다.

16. 실이 나온 위치 그대로 바늘을 넣고 맨 처음 돗바늘을 넣었던 곳으로 바늘을 빼냅니다.

17. 귀의 뒤쪽 머리와 맞붙는 부분을 바느질합니다.

18. 끝까지 바느질한 후 실을 정리합니다. 반대편도 귀도 같은 방법으로 고정합니다.

× 레이스&리본

19. 레이스 끝을 바느질해 고정하고 리본을 묶어 주세요. 이때 레이스의 윗부분이 리본 위로 나오도록 정리해 주세요.

× 고깔

20. 시침핀으로 위치를 잡고 고깔과 머리가 맞닿은 부분을 바느질한 다음 고깔 끝에 목공용 풀로 폼폼을 붙입니다.

완성!

 # 로지

• PATTERN •

✕ 머리

1	(6)	원형뜨기로 ✕ · 6, •
2	(12)	ο, ✕ · 6, •
3	(18)	ο, (✕ ✕) · 6, •
4	(24)	ο, (✕ ✕ ✕) · 6, •
5	(30)	ο, (✕ ✕ ✕ ✕) · 6, •
6	(36)	ο, (✕ ✕ ✕ ✕ ✕) · 6, •
7	(42)	ο, (✕ ✕ ✕ ✕ ✕ ✕) · 6, •
8	(48)	ο, (✕ ✕ ✕ ✕ ✕ ✕ ✕) · 6, •
9~16	(48)	ο, ✕ · 48, •
17	(42)	ο, (✕ ✕ ✕ ✕ ✕ ✕) · 6, •
18	(36)	ο, (✕ ✕ ✕ ✕ ✕) · 6, •
19	(30)	ο, (✕ ✕ ✕ ✕) · 6, •
20	(24)	ο, (✕ ✕ ✕) · 6, •
21	(18)	ο, (✕ ✕) · 6, •

실은 정리해 주세요.

✕ 귀 (2번 떠 주세요.)

1	(3)	원형뜨기로 ✕ · 3, •
2	(6)	ο, ✕ · 3, •
3	(9)	ο, (✕ ✕) · 3, •
4	(18)	ο, ✕ · 9, •

바느질을 위해 실을 40cm 정도 남깁니다.

✕ 고깔

1	(6)	원형뜨기로 ✕ · 6, •
2	(9)	ο, (✕ ✕) · 3, •
3	(9)	ο, ✕ · 9, •
4	(12)	ο, (✕ ✕ ✕) · 3, •
5	(15)	ο, (✕ ✕ ✕ ✕) · 3, •

바느질을 위해 실을 30cm 정도 남깁니다.

✕ 주둥이

| 1 | (6) | 원형뜨기로 ✕ · 6, • |

안쪽 면을 사용하기 위해 1단의 빼뜨기에서부터 짧은 실을 숨기면서 뜹니다.

| 2 | (12) | ο, ✕ · 6, • |

바느질을 위해 실을 30cm 정도 남깁니다.
숨기면서 뜬 짧은 실은 잡아당겨 바짝 잘라 정리합니다.

× 몸통&다리 (다리는 2번 떠 주세요.)

1 (6) **원형뜨기로 × · 6,** •

2 (12) ○, ∨ · 6, •

3~6 (12) ○, × · 12, •

실을 자르고 정리한 후,
1~6단을 반복해 하나 더 뜨고 빼뜨기 후 사슬뜨기를 3번 뜹니다.

7 (30) **왼쪽 다리에 × · 12, 사슬뜨기에 × · 3,**
오른쪽 다리에 × · 12, 사슬뜨기에 × · 3, •

33쪽 '사슬뜨기로 다리 연결하기'를 참고해 양쪽 다리를 연결해 주세요.

8~15 (30) ○, × · 30, •

16 (24) ○, (× × × ∧) · 6, •

17 (18) ○, (× × ∧) · 6, •

바느질을 위해 실을 40cm 정도 남깁니다.

× 팔 (2번 떠 주세요.)

1 (4) **원형뜨기로 × · 4,** •

2 (8) ○, ∨ · 4, •

3~9 (8) ○, × · 8, •

두 팔 중 하나는 실을 15cm 정도 남기고 나머지 하나는 바느질을 위해 실을 40cm 정도 남깁니다.

× 팔 달기

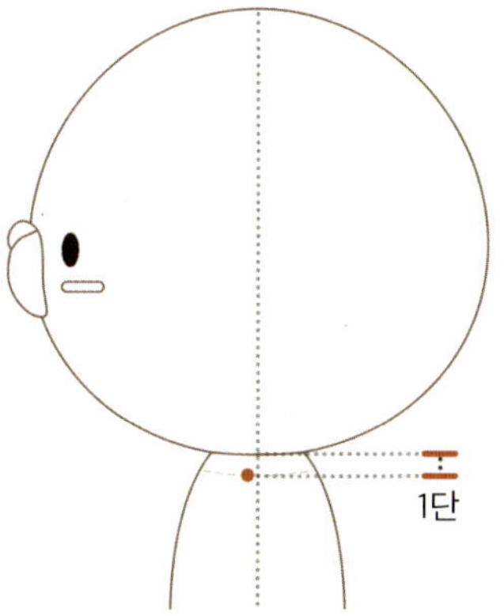

몸통 위에서부터 1단 아래에 팔을 달아 주세요.
세로 중심선을 기준으로 조금 앞쪽에 달아 주는 것이 좋습니다.

╳ 표정 및 귀 달기

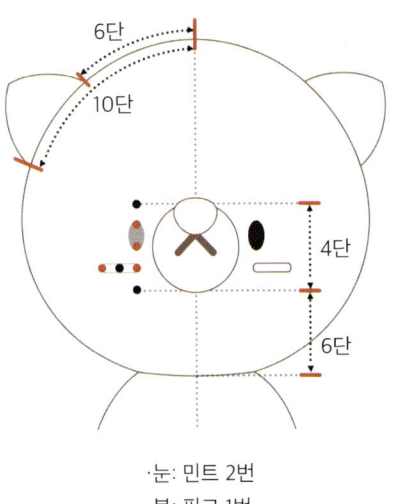

6단
10단
4단
6단

·눈: 민트 2번
·볼: 핑크 1번

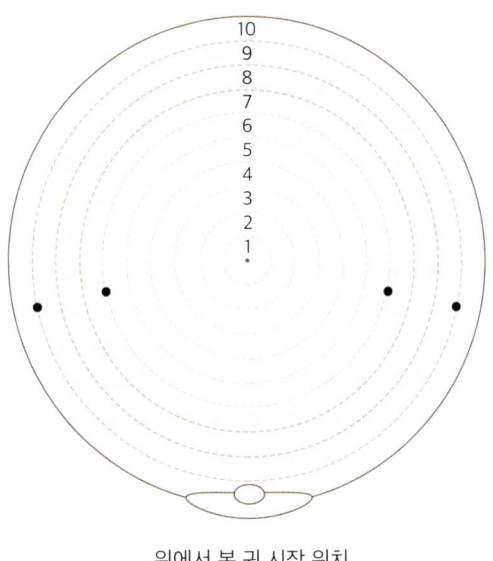

10
9
8
7
6
5
4
3
2
1

위에서 본 귀 시작 위치

• HOW TO MAKE •

╳ 머리&몸통&팔

01. 솜을 넣고 머리와 몸통을 연결한 다음 몸통 위에서부터 1단 아래에 양쪽 팔을 달아 줍니다. ▶65쪽 보니 01~11을 참고하세요.

╳ 주둥이&코&입

02. 주둥이 편물의 안쪽 면을 겉면으로 사용합니다. 주둥이 아랫부분을 머리 아래에서 6단에 두고 시침핀으로 고정합니다. 머리와 맞닿은 부분을 바느질해 주둥이를 답니다. 화이트 컬러 실로 코를 수놓아 주세요. ▶71쪽 허니 02~05를 참고하세요.

03. 바늘을 코 가운데에서 한 코 아래, 한 코 왼쪽으로 빼냅니다.

04. 대칭이 되는 곳으로 바늘을 넣고 코의 아래 가운데로 바늘을 빼 주세요.

05. 수직으로 수놓은 부분을 감싸듯 통과합니다.

06. 코의 아래 가운데까지 끌어올립니다.

× 표정

× 귀

07. 코의 아래 가운데로 돗바늘을 넣고 몸통으로 실을 숨겨 정리합니다.

08. 도안에서 위치를 확인하고 눈, 볼 순으로 수놓습니다. 이때 눈은 두 번 수놓는데 두 번째 수를 놓을 때 첫 번째 수를 놓았던 실 위를 감싸듯이 수놓으면 인형을 더 예쁘게 완성할 수 있습니다.

09. 위에서부터 6단, 10단에 귀를 달아 줍니다. ▶72쪽 허니 09~18을 참고하세요. 귀를 바느질하는 방법은 동일하지만 위치는 다릅니다.

× 레이스&리본

× 고깔

10. 레이스 끝을 바느질해 고정하고 리본을 묶어 주세요. 이때 레이스의 윗부분이 리본 위로 나오도록 정리해 주세요.

11. 시침핀으로 위치를 잡고 고깔과 머리가 맞닿은 부분을 바느질한 다음 고깔 끝에 목공용 풀로 폼폼을 붙입니다.

완성!

Part 3

CROCHET DOLLS

도전하기
두근두근

Marine

Maririn

조개를 든 물개

마린과 마리린

조개를 좋아하는 물개 마린과 마리린이에요.

시원한 바다를 닮은 파란색, 따뜻한 마음을 닮은 분홍색 몸매를 뽐내는 마린과 마리린은

한 손에 조개를 들고 바다에서 자유롭게 헤엄치는 것을 좋아하지요.

손안에 쏘옥 들어오는 귀여운 물개 두 마리를 함께 떠 보아요.

───────(READY TO DO)───────

마린 MARINE

완성 크기 : 8cm

실 : 3.5mm 울사

인디스카이 ▨ , 연그레이 ▨ ,

옐로 ▨ , 다크블루 ▨ , 화이트 ▭

바늘 : 모사용 코바늘 3호, 돗바늘

마리린 MARIRIN

완성 크기 : 8cm

실 : 3.5mm 울사

연핑크 ▨ , 연그레이 ▨ ,

진핑크 ▨ , 와인 ▨ , 화이트 ▭

바늘 : 모사용 코바늘 3호, 돗바늘

 # 마린

• PATTERN •

마린과 마리린의 도안은 같습니다. 몸통과 지느러미의 실 컬러가 다르니 실만 바꿔 뜨세요. 책에서는 '마린'을 떠 볼게요.

✕ 몸통

1	(4)	원형뜨기로 ✕ · **4**, •
2	(8)	○, ⊗ · **4**, •
3	(8)	○, ✕ · **8**, •

실을 자르고 정리한 후, 1~3단을 반복해 하나 더 뜹니다.

4	(16)	왼쪽 지느러미에 ✕ · **8**, 오른쪽 지느러미에 ✕ · **8**, •

33쪽 '사슬뜨기로 다리 연결하기'를 참고해 양쪽 지느러미를 연결해 주세요. 단 사슬뜨기 과정을 생략하며 떠 주세요.

5	(12)	○, (✕ ✕ ⊗) · **4**, •
6	(18)	○, (✕ ⊗) · **6**, •
7	(24)	○, (✕ ✕ ⊗) · **6**, •
8~9	(24)	○, ✕ · **24**, •
10	(30)	○, (✕ ✕ ✕ ⊗) · **6**, •
11~12	(30)	○, ✕ · **30**, •
13	(33)	○, (✕ ✕ ✕ ✕ ✕ ✕ ✕ ✕ ⊗) · **3**, •
14~16	(33)	○, ✕ · **33**, •
17	(30)	○, (✕ ✕ ✕ ✕ ✕ ✕ ✕ ✕ ✕ ✿) · **3**, •
18~22	(30)	○, ✕ · **30**, •
23	(24)	○, (✕ ✕ ✕ ✿) · **6**, •
24	(18)	○, (✕ ✕ ✿) · **6**, •
25	(12)	○, (✕ ✿) · **6**, •

25단까지 뜨고 솜을 채웁니다.

26	(6)	○, ✿ · **6**, •

바느질을 위해 실을 30cm 정도 남긴 다음 부족한 부분에 솜을 더 넣어 모양을 잡습니다.
마지막 단 6코의 머리를 바깥쪽만 갈라 차례로 돗바늘을 통과시킵니다.
실을 잡아당겨 구멍을 오므리고 실을 정리합니다.

✕ 주둥이

1 （ 5 ） │ **원형뜨기로 ✕ · 5,** •

안쪽 면을 사용하기 위해 1단의 빼뜨기에서부터 짧은 실을 숨기면서 뜹니다.

2 （ 10 ） │ ○, ✖ · 5

빼뜨기로 마무리하지 않고 바느질을 위해 실을 30cm 정도 남깁니다.
숨기면서 뜬 짧은 실은 잡아당겨 바짝 잘라 정리합니다.

✕ 지느러미 (2번 떠 주세요.)

1 （ 4 ） │ **원형뜨기로 ✕ · 4,** •

2 （ 8 ） │ ○, ✖ · 4, •

3 （ 6 ） │ ○, （✕ ✕ ✿） · 2, •

바느질을 위해 실을 30cm 정도 남깁니다.

✕ 조개

```
0✕ ✕ ✕ ✕
  ✕ ✕ ✕ ✕0
  ⋮                14단
0✕ ✕ ✕ ✕
  ✕ ✕ ✕ ✕0
  ○○○○
```

실을 20cm 정도 남기고 사슬뜨기를 시작합니다.
도안대로 14단까지 뜨고 기둥코를 뜬 다음 마지막 단과 처음 사슬뜨기한 단을 맞닿게 하여 원통형을 만듭니다.
마지막 단 코의 겉면과 사슬뜨기에 빼뜨기하여 연결합니다. 바느질을 위해 실을 20cm 정도 남깁니다. (하단 TIP을 참고하세요.)

1. 도안대로 뜬 다음 편물을 연결하는 데 필요한 기둥코를 하나 뜨고 편물을 돌려 준비합니다.
2. 마지막 단의 코를 갈라 겉면에 바늘을 넣습니다.
3. 반대편 처음 사슬뜨기에 짧은뜨기를 뜨고 남은 코에 마찬가지로 바늘을 집어넣습니다.
4. 실을 휘감아 빼뜨기합니다.
5. 끝까지 빼뜨기해 원통형 모양을 완성하고 실을 정리해 주세요.

× 표정 및 지느러미 달기

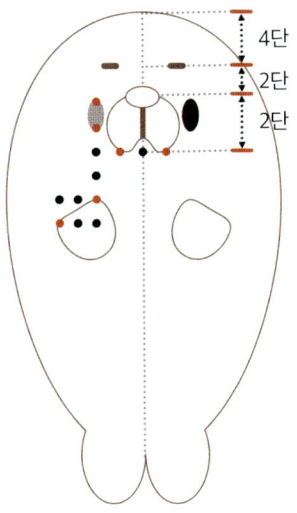

4단

2단

2단

·눈썹: 화이트 가로로 1번
　　　눈에서 2단 위, 어울리는 위치에 가로로 수놓아 주세요.
·눈: 다크블루(마린) 2번, 와인(마리린) 2번

• HOW TO MAKE •

× 몸통

01. 몸통에 솜을 넣고 뜬 다음, 마지막 단 6코의 머리를 바깥쪽만 갈라 차례로 돗바늘을 통과시킵니다. 실을 잡아당겨 구멍을 오므린 후 정리합니다. ▶47쪽 저스틴 01~07을 참고하세요.

× 주둥이

02. 주둥이 편물의 안쪽 면을 겉면으로 사용합니다. 주둥이 아랫부분을 위에서부터 8단에 둔 후 시침핀을 꽂아 고정합니다. 아랫부분 중심을 기준으로 한 코 오른쪽에서 바느질을 시작합니다. 아랫부분 중심을 기준으로 한 코 왼쪽에서 바느질을 마무리합니다. ▶48쪽 저스틴 12~14를 참고하세요.

× 코&입

03. 옐로 컬러 실을 가로로 수놓아 코를 완성합니다. 다크블루 컬러 실을 반으로 갈라 얇게 만든 후 돗바늘에 새로 연결해 주둥이의 갈라진 부분을 표현합니다. ▶48쪽 저스틴 15~23을 참고하세요.

× 표정

04. 도안에서 위치를 확인하고 눈과 눈썹을 수놓습니다. 눈썹은 위에서부터 4단에 있고 화이트 컬러 실을 가로로 수놓아 표현합니다.

× 지느러미

05. 도안에서 지느러미 위치를 확인하고 시침핀을 꽂습니다.

06. 지느러미에 연결된 실을 돗바늘에 겁니다. 눈에서 3단 아래 시침핀이 꽂힌 곳에 돗바늘을 넣어 반대쪽 시침핀이 꽂힌 곳으로 빼냅니다.

07. 지느러미 끝 쪽을 걸고 실이 나온 구멍으로 바늘을 통과시킨 다음 바늘을 처음 넣었던 부분으로 빼냅니다.

08. 끝 쪽을 한 번 더 고정해 마무리한 후 맞은편 지느러미도 단단히 고정한 다음 실을 숨겨 정리합니다.

× 조개

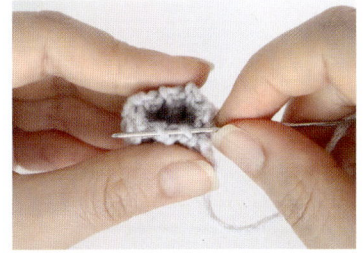

09. 처음 사슬뜨기를 뜨기 전에 남겨 놓은 실에 돗바늘을 겁니다. 각 단이 모이는 기둥 부분의 끝에 살짝 올라온 고리를 바늘로 하나씩 꿰어 줍니다.

10. 끝까지 꿰어 준 다음 실을 당겨 끝을 조입니다.

11. 조인 실로 지느러미에 고정하면 완성입니다. 마리린도 같은 방법으로 만들어 보세요.

완성!

Candy Bear

Candy Bunny

단짝 토끼와 곰

캔디돌

달콤하고 사랑스러운 캔디 컬러의 토끼와 곰이에요.

큰 귀를 가진 캔디바니는 하고 싶은 일은 꼭 해야 하는 천방지축 성격의 토끼예요.

캔디바니 옆 소심해 보이는 캔디베어는 캔디바니와 친해지고 싶어 매일 주위를 맴돈답니다.

캔디바니와 캔디베어가 친구가 될 수 있도록 꼭 두 마리 모두 만들어 주세요.

─── READY TO DO ───

캔디바니 CANDY BUNNY

완성 크기 : 29cm

실 : 6mm 면사

연아이보리 ▭ , 연레몬 ▭ , 핑크 ▬ ,
진핑크 ▬ , 화이트 ▭ , 딥레드 ▬

바늘 : 모사용 코바늘 6호, 돗바늘, 10cm
길이의 돗바늘

캔디베어 CANDY BEAR

완성 크기 : 21cm

실 : 6mm 면사

연아이보리 ▭ , 연레몬 ▬ , 민트 ▬ ,
화이트 ▭ , 데님 ▬ , 다크블루 ▬ ,
핑크 ▬

바늘 : 모사용 코바늘 6호, 돗바늘, 10cm
길이의 돗바늘

 # 캔디바니

• PATTERN •

✕ **몸통&다리** (다리는 2번 떠 주세요.)

0 (6)	**사슬뜨기로 ⬭ · 6, ⭘**
1 (14)	한쪽 면은 코산을 뜨고 반대편은 코의 머리를 뜹니다. (오른쪽 TIP을 참고하세요.)
2 (18)	
3 (18)	3단을 뜰 때 코 부분이 아닌 코가 묶인 부분을 뜹니다. (오른쪽 TIP을 참고하세요.)
4 (14)	
5 (12)	

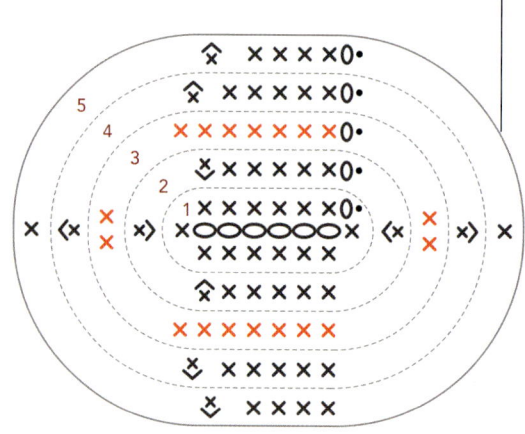

6~7 (12)	**⭘, ✕ · 12, •**

실을 자르고 정리한 후, 0~7단을 반복해 하나 더 뜨고 실을 정리합니다.
새로운 실을 오른쪽 다리에 연결한 후 **사슬뜨기를 2번** 뜹니다.
앞코가 있는 다리 형식이라 연결 방법이 기존과 다르니 34쪽 '사슬뜨기로 앞뒤 구분이 있는 다리 연결하기'를 참고하세요.

8 (28)	**왼쪽 다리에 ✕ · 12, 사슬뜨기에 ✕ · 2,**
	오른쪽 다리에 ✕ · 12, 사슬뜨기에 ✕ · 2, •
9 (28)	**⭘, ✕ · 28, •**
10 (32)	**⭘, (✕✕✕✕✕✕✕✕) · 4, •**
11 (36)	**⭘, (✕✕✕✕✕✕✕✕) · 4, •**
12 (36)	**⭘, ✕ · 36, •**

13~20	(36)	○,　✕ · **36**,　•

13~20단까지 핑크 컬러로 시작해 매 단마다
연레몬 컬러, 핑크 컬러 실을 바꿔 가며 떠 줍니다.

21	(32)	○,　(✕ ✕ ✕ ✕ ✕ ✕ ⚡) · **4**,　•
22	(28)	○,　(✕ ✕ ✕ ✕ ✕ ✕ ⚡) · **4**,　•

바느질을 위해 실을 50cm 정도 남깁니다.

TIP

♥ 코산에 뜨기

1. 사슬코 6개와 기둥코까지 뜬 다음 사슬을 뒤집어 보면 볼록볼록 올라온 부분이 있어요. 이 부분을 '코산'이라고 합니다. 코산을 주워 뜨면 편물에 구멍이 생기는 것을 방지할 수 있어요.
2. 6코까지는 코산에 바늘을 찔러 넣어 짧은뜨기를 합니다.
3. 반대편 부분은 코의 머리를 뜹니다.

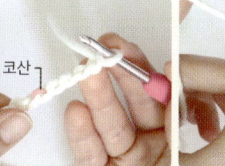

코산

♥ 3단 뜨는 법

1. 편물의 안쪽을 보면 뜨개코가 묶인 것처럼 보이는 부분이 있습니다.
2. 이 부분에 짧은뜨기를 합니다.
3. 코의 머리가 모두 남아 발바닥이 평평해졌습니다.

안쪽 면 뜨개코가
묶인 듯 보이는 부분

✕ 귀 (2번 떠 주세요.)

1	(6)	원형뜨기로 ✕ · **6**,　•
2	(9)	○,　(✕ 🔽) · **3**,　•
3	(12)	○,　(✕ ✕ 🔽) · **3**,　•
4~13	(12)	○,　✕ · **5**,
		✕ · **3**, (핑크 컬러 실 배색 구간입니다.)
		✕ · **4**,　•

바느질을 위해 실을 40cm 정도 남깁니다.

✕ 꼬리

1	(6)	원형뜨기로 ✕ · **6**,　•
2	(6)	○,　✕ · **6**,　•

바느질을 위해 실을 30cm 정도 남깁니다.

✕ 머리

1	(6)	원형뜨기로 ✕ · **6**, •
2	(12)	○, ✤ · **6**, •
3	(18)	○, (✕ ✤) · **6**, •
4	(24)	○, (✕ ✕ ✤) · **6**, •
5	(30)	○, (✕ ✕ ✕ ✤) · **6**, •
6	(36)	○, (✕ ✕ ✕ ✕ ✤) · **6**, •
7	(42)	○, (✕ ✕ ✕ ✕ ✕ ✤) · **6**, •
8	(48)	○, (✕ ✕ ✕ ✕ ✕ ✕ ✤) · **6**, •
9	(54)	○, (✕ ✕ ✕ ✕ ✕ ✕ ✕ ✤) · **6**, •
10~17	(54)	○, ✕ · **54**, •
18	(48)	○, (✕ ✕ ✕ ✕ ✕ ✕ ⌂) · **6**, •
19	(42)	○, (✕ ✕ ✕ ✕ ✕ ⌂) · **6**, •
20	(36)	○, (✕ ✕ ✕ ✕ ⌂) · **6**, •
21	(28)	○, (✕ ✕ ✕ ⌂) · **3**, (✕ ⌂), (✕ ✕ ✕ ⌂) · **3**, (✕ ⌂), •

실은 정리해 주세요.

✕ 주둥이

1	(6)	원형뜨기로 ✕ · **6**, •

안쪽 면을 사용하기 위해 1단의 빼뜨기에서부터 짧은 실을 숨기면서 뜹니다.

2	(12)	○, ✤ · **6**

빼뜨기로 마무리하지 않고 바느질을 위해 실을 40cm 정도 남깁니다.
숨기면서 뜬 짧은 실은 잡아당겨 바짝 잘라 정리합니다.

✕ 팔 (2번 떠 주세요.)

1	(6)	원형뜨기로 ✕ · **6**, •
2	(12)	○, ✤ · **6**, •
3	(12)	○, ✕ · **12**, •
4	(9)	○, ⌂ ✕ ✕ ✕ ⌂ ✕ ✕ ✕ ⌂, •
5~11	(9)	○, ✕ · **9**, •

5~11단까지 핑크 컬러로 시작해 매 단마다 연레몬 컬러, 핑크 컬러 실을 바꿔 가며 떠 줍니다.
두 팔 중 하나는 실을 20cm 정도 남기고 나머지 하나는 바느질을 위해 실을 60cm 정도 남깁니다.

✕ 표정 및 귀 달기

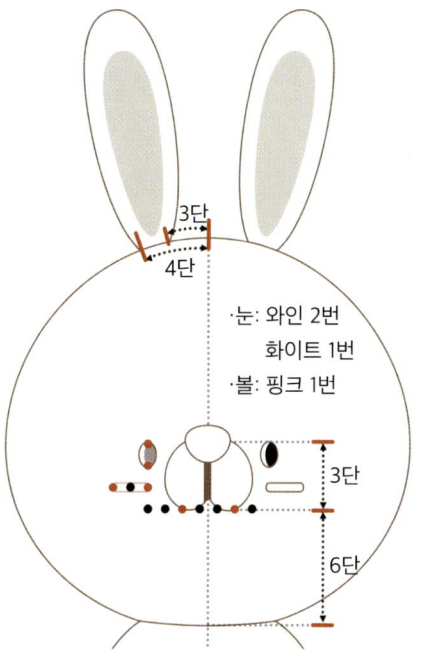

3단
4단

·눈: 와인 2번
 화이트 1번
·볼: 핑크 1번

3단
6단

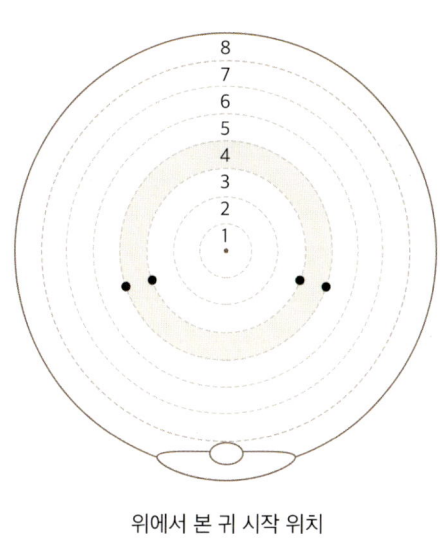

8
7
6
5
4
3
2
1

위에서 본 귀 시작 위치

✕ 팔 달기

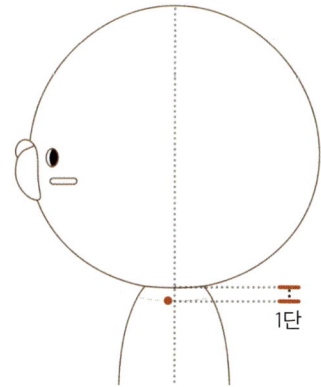

1단

몸통 위에서부터 1단 아래에 팔을 달아 주세요. 세로 중심선을 기준으로 조금 앞쪽에 달아 주는 것이 좋습니다.

✕ 꼬리 달기

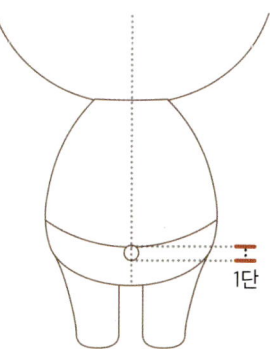

1단

옷 1단 아래에 꼬리를 달아 줍니다.

✕ 머리&몸통

01. 솜을 넣고 머리와 몸통을 연결합니다. 마무리하기 전 창구멍을 남기고 솜을 넣어 모양을 만드는 것도 잊지 마세요.

✕ 팔

02. 양쪽 팔 모두 솜을 반만 넣고 조여 줍니다. 실이 길게 남은 한쪽 팔을 이용해 몸통 위에서부터 1단 아래에 팔을 연결합니다.

✕ 주둥이

03. 주둥이 편물의 안쪽 면을 겉으로 오게 하고 아래에서부터 6단에서 바느질을 시작합니다.

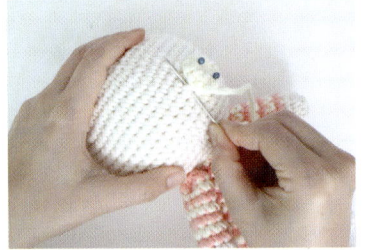

04. 머리와 주둥이가 맞닿은 부분에 바느질합니다. 이때 안쪽 면의 묶인 부분에 바느질하지 않고 코의 머리에 바느질합니다.

05. 주둥이 아랫부분이 열려 있도록 주둥이 바느질을 시작한 곳 기준으로 3코 옆에서 마지막 바느질을 끝냅니다.

✕ 코

06. 진핑크 컬러 실을 돗바늘에 꿰어 부채꼴 모양으로 코를 수놓고 실을 정리해 주세요. 같은 컬러 실을 새로 연결해 주둥이의 갈라진 부분을 표현합니다. ▶71쪽 허니 03~05를 참고하세요.

✕ 표정

07. 도안에서 위치를 확인하고 표정을 수놓습니다. 눈은 같은 구멍에 와인 컬러를 두 번, 화이트 컬러를 한 번 수놓습니다.

✕ 귀

08. 바느질을 위해 남긴 실에 돗바늘을 끼웁니다. 귀 편물의 열린 부분을 손으로 누르고 반으로 접습니다.

09. 접힌 부분을 바느질합니다.

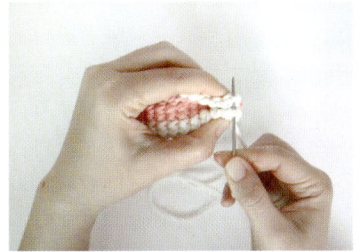

10. 끝까지 바느질한 후 가장 끝부분의 코와 코 사이 기둥을 바늘로 통과시킵니다.

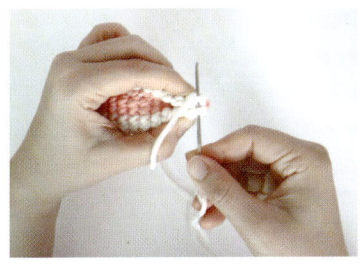

11. 한 번 더 감싸면서 바느질해 단단하게 고정합니다.

12. 도안에서 귀의 위치를 확인하고 귀를 달아 주세요. ▶67쪽 보니 19~23을 참고하세요.

✕ 꼬리

13. 옷 1단 아래에 꼬리를 바느질합니다.

완성!

 # 캔디베어

✕ 몸통&다리 (다리는 2번 떠 주세요.)

0	(6)	사슬뜨기로 ⬮ · 6, ◯
1	(14)	한쪽 면은 코산을 뜨고 반대편은 코의 머리를 뜹니다.
2	(18)	
3	(18)	3단을 뜰 때 코 부분이 아닌 코가 묶인 부분을 뜹니다.
4	(14)	
5	(12)	

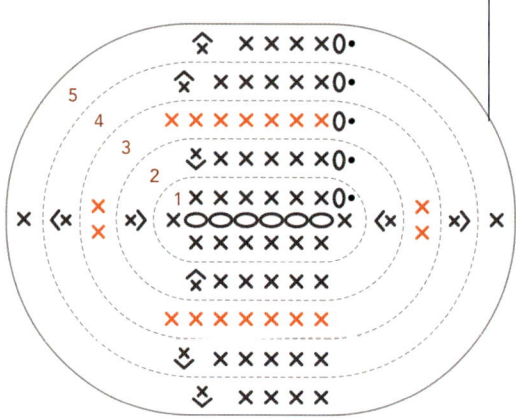

6~7	(12)	◦, ✕ · 12, •

실을 자르고 정리한 후, 0~7단을 반복해 하나 더 뜨고 실을 정리합니다.
새로운 실을 오른쪽 다리에 연결한 후 사슬뜨기를 2번 뜹니다.
앞코가 있는 다리 형식이라 연결 방법이 기존과 다르니 34쪽 '사슬뜨기로 앞뒤 구분이 있는 다리 연결하기'를
참고하세요.

8	(28)	왼쪽 다리에 ✕ · 12, 사슬뜨기에 ✕ · 2,
		오른쪽 다리에 ✕ · 12, 사슬뜨기에 ✕ · 2, •
9	(28)	◦, ✕ · 28, •
10	(32)	◦, (✕✕✕✕✕✕✾) · 4, •
11	(36)	◦, (✕✕✕✕✕✕✕✾) · 4, •
12	(36)	◦, ✕ · 36, •

| 13~20 | (36) | ㅇ, ✕ · 36, ● |

13~20단까지 **민트 컬러로 시작해 매 단마다**
연레몬 컬러, 민트 컬러 실을 바꿔 가며 떠 줍니다.

| 21 | (32) | ㅇ, (✕✕✕✕✕✕⋀) · 4, ● |
| 22 | (28) | ㅇ, (✕✕✕✕✕⋀) · 4, ● |

바느질을 위해 실을 50cm 정도 남깁니다.

0~5단은 89쪽 TIP을 참고해 떠 주세요.

✕ 머리

1	(6)	**원형뜨기로** ✕ · 6, ●
2	(12)	ㅇ, ✙ · 6, ●
3	(18)	ㅇ, (✕✙) · 6, ●
4	(24)	ㅇ, (✕✕✙) · 6, ●
5	(30)	ㅇ, (✕✕✕✙) · 6, ●
6	(36)	ㅇ, (✕✕✕✕✙) · 6, ●
7	(42)	ㅇ, (✕✕✕✕✕✙) · 6, ●
8	(48)	ㅇ, (✕✕✕✕✕✕✙) · 6, ●
9	(54)	ㅇ, (✕✕✕✕✕✕✕✙) · 6, ●
10~17	(54)	ㅇ, ✕ · 54, ●
18	(48)	ㅇ, (✕✕✕✕✕✕✕⋀) · 6, ●
19	(42)	ㅇ, (✕✕✕✕✕✕⋀) · 6, ●
20	(36)	ㅇ, (✕✕✕✕✕⋀) · 6, ●
21	(28)	ㅇ, (✕✕✕⋀) · 3, (✕⋀), (✕✕✕⋀) · 3, (✕⋀), ●

실은 정리해 주세요.

✕ 주둥이

| 1 | (6) | **원형뜨기로** ✕ · 6, ● |

안쪽 면을 사용하기 위해 1단의 빼뜨기에서부터 짧은 실을 숨기면서 뜹니다.

| 2 | (12) | ㅇ, ✙ · 6 |

빼뜨기로 마무리하지 않고 바느질을 위해 실을 40cm 정도 남깁니다.
숨기면서 뜬 짧은 실은 잡아당겨 바짝 잘라 정리합니다.

✕ 팔 (2번 떠 주세요.)

1	(6)	원형뜨기로 ✕ · 6, •
2	(12)	○, ✕ · 6, •
3	(12)	○, ✕ · 12, •
4	(9)	○, ✕✕✕✕✕✕✕✕✕, •
5~11	(9)	○, ✕ · 9, •

5~11단까지 민트 컬러로 시작해 매 단마다 연레몬 컬러, 민트 컬러 실을 바꿔 가며 떠 줍니다.
두 팔 중 하나는 실을 20cm 정도 남기고 나머지 하나는 바느질을 위해 실을 60cm 정도 남깁니다.

✕ 귀 (2번 떠 주세요.)

1	(6)	원형뜨기로 ✕ · 6, •
2	(12)	○, ✕ · 6, •
3	(18)	○, (✕✕) · 6, •

바느질을 위해 실을 40cm 정도 남깁니다.

✕ 꼬리

1	(6)	원형뜨기로 ✕ · 6, •
2	(6)	○, ✕ · 6, •

바느질을 위해 실을 30cm 정도 남깁니다.

✕ 표정 및 귀 달기

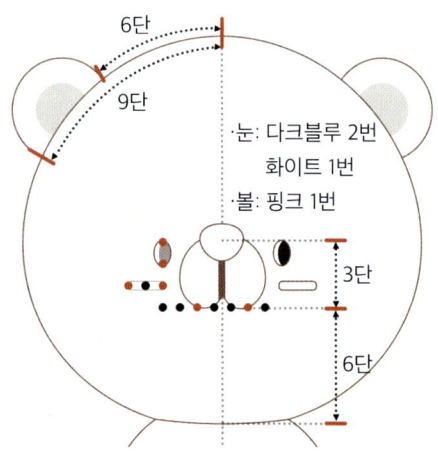

6단
9단
·눈: 다크블루 2번
   화이트 1번
·볼: 핑크 1번
3단
6단

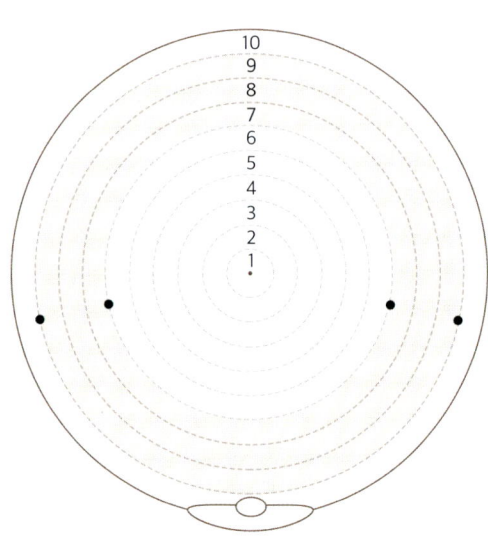

위에서 본 귀 시작 위치

✕ 팔 달기

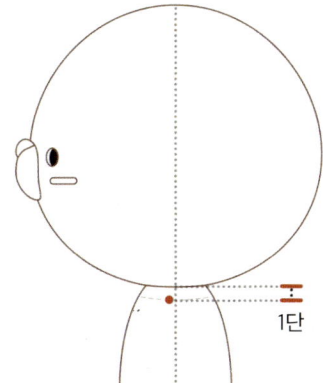

1단

몸통 위에서부터 1단 아래에 팔을 달아 주세요. 세로 중심선을 기준으로 조금 앞쪽에 달아 주는 것이 좋습니다.

✕ 꼬리 달기

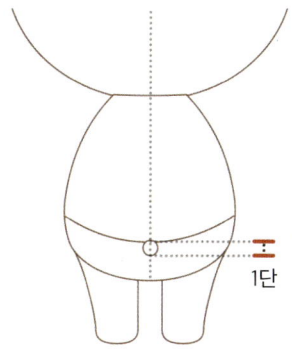

1단

옷 1단 아래에 꼬리를 달아 줍니다.

• HOW TO MAKE •

✕ 머리&몸통&팔

01. 머리와 몸통을 연결한 다음 팔을 달아 줍니다. ▶92쪽 캔디바니 01~02를 참고하세요.

✕ 주둥이&코

02. 안쪽 면을 겉으로 오게 하고 주둥이를 연결합니다. 데님 컬러 실로 부채꼴 모양의 코를 수놓습니다. 실을 정리하고 같은 컬러 실을 새로 연결해 주둥이의 갈라진 부분을 표현합니다.

✕ 표정

03. 도안에서 위치를 확인하고 표정을 수놓습니다. 눈은 같은 구멍에 다크블루 컬러를 두 번, 화이트 컬러를 한 번 수놓습니다.

✕ 귀

04. 위에서부터 6단, 9단에 귀를 바느질합니다. ▶72쪽 허니 09~18을 참고하세요.

✕ 꼬리

05. 옷 1단 아래에 꼬리를 바느질합니다.

완성!

무섭군

라이언

라이언은 동물 왕국 왕처럼 멋진 모습을 가지고 싶어 해요.

하지만 동물 왕국의 다른 친구들은 라이언을 귀여워한답니다.

자연을 사랑하는 라이언의 마음과 언제나 낙천적인 라이언의 성격을 알기 때문이지요.

잔뜩 올라간 눈썹에 속지 마세요. 알고 보면 너무나 여린 사자입니다.

───(READY TO DO)───

라이언 LION

완성 크기 : 22cm

실 : 6mm 면사

머스터드 ▬, 청록 ▬, 연민트 ▬, 진그레이 ▬, 핑크 ▬,

레드브라운 ▬, 연아이보리 ▭, 딥레드 ▬, 진브라운 ▬

바늘 : 모사용 코바늘 6호, 돗바늘, 10cm 길이의 돗바늘

 # 라이언

✕ 몸통&다리 (다리는 2번 떠 주세요.)

0	(5)	**사슬뜨기로 ⬭ · 5, ○**
1	(12)	한쪽 면은 코산을 뜨고 반대편은 코의 머리를 뜹니다.
2	(18)	
3	(18)	3단을 뜰 때 코 부분이 아닌 코가 묶인 부분을 뜹니다.
4	(15)	
5	(12)	

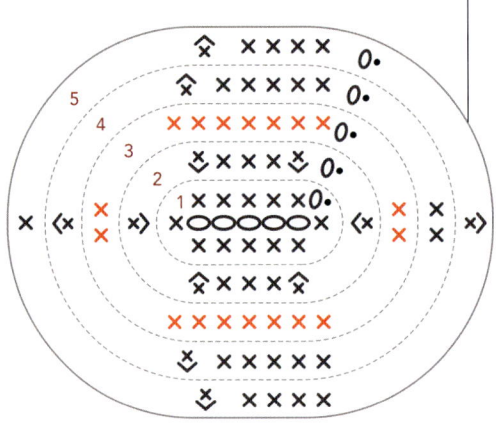

6~7	(12)	○, ✕ · 12, •
8	(12)	○, ✕ · 12, •

실을 자르고 정리한 후, 0~8단을 반복해 하나 더 뜨고 실을 정리합니다.
새로운 실을 오른쪽 다리에 연결한 후 사슬뜨기를 4번 뜹니다.
앞코가 있는 다리 형식이라 연결 방법이 기존과 다르니 34쪽 '사슬뜨기로 앞뒤 구분이 있는 다리 연결하기'를
참고하세요.

9	(32)	**왼쪽 다리에 ✕ · 12, 사슬뜨기에 ✕ · 4,**
		오른쪽 다리에 ✕ · 12, 사슬뜨기에 ✕ · 4, •
10~13	(32)	○, ✕ · 32, •

14~20	(32)	○, ✕ · 32, •
21	(28)	○, (✕ ✕ ✕ ✕ ✕ ✕ 🔺) · 4, •
22	(24)	○, (✕ ✕ ✕ ✕ ✕ 🔺) · 4, •

바느질을 위해 실을 50cm 정도 남깁니다.

0~5단은 89쪽 TIP을 참고해 떠 주세요.

✕ 팔 (2번 떠 주세요.)

1	(4)	원형뜨기로 ✕ · 4, •
2	(8)	○, ✌ · 4, •
3~5	(8)	○, ✕ · 8, •
6~11	(8)	○, ✕ · 8 •

두 팔 중 하나는 실을 20cm 정도 남기고 나머지 하나는 바느질을 위해 실을 60cm 정도 남깁니다.

✕ 머리

1	(6)	원형뜨기로 ✕ · 6, •
2	(12)	○, ✌ · 6, •
3	(18)	○, (✕ ✌) · 6, •
4	(24)	○, (✕ ✕ ✌) · 6, •
5	(30)	○, (✕ ✕ ✕ ✌) · 6, •
6	(36)	○, (✕ ✕ ✕ ✕ ✌) · 6, •
7	(42)	○, (✕ ✕ ✕ ✕ ✕ ✌) · 6, •
8	(48)	○, (✕ ✕ ✕ ✕ ✕ ✕ ✌) · 6, •
9	(54)	○, (✕ ✕ ✕ ✕ ✕ ✕ ✕ ✌) · 6, •
10~17	(54)	○, ✕ · 54, •
18	(48)	○, (✕ ✕ ✕ ✕ ✕ ✕ 🔺) · 6, •
19	(42)	○, (✕ ✕ ✕ ✕ ✕ 🔺) · 6, •
20	(36)	○, (✕ ✕ ✕ ✕ 🔺) · 6, •
21	(30)	○, (✕ ✕ ✕ 🔺) · 6, •
22	(24)	○, (✕ ✕ ✕ 🔺) · 6, •

실은 정리해 주세요.

╳ 주둥이

0 (4) **사슬뜨기로 ⌒ · 4,   ○** ────────────┐
1 (10)   한쪽 면은 코산을 뜨고 반대편은 코의 머리를 뜹니다.   │
2 (12) ────────────────────────┤

바느질을 위해 실을 30cm 정도 남깁니다.

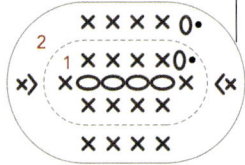

0~2단은 89쪽 TIP을 참고해 떠 주세요.

╳ 귀 (2번 떠 주세요.)

1 (5) **원형뜨기로 ╳ · 5,   •**

안쪽 면이 노출되므로 1단의 빼뜨기에서부터 짧은 실을 숨기면서 뜹니다.

2 (10) **○,   ⚡ · 10**

빼뜨기로 마무리하지 않고 바느질을 위해 실을 30cm 정도 남깁니다.
숨기면서 뜬 짧은 실은 잡아당겨 바짝 잘라 정리합니다.

╳ 갈기

사슬뜨기 60번

레드브라운 컬러 실을 20cm 정도 남기고 3의 배수로 인형 크기에 맞춰 사슬뜨기를 뜹니다. 여기서는 사슬뜨기를 60번 떠 총 20개의 갈기를 만들었습니다.
도안대로 뜬 다음 바느질을 위해 실을 40cm 정도 남깁니다.

╳ 멜빵 (2번 떠 주세요.)

사슬뜨기 22번

청록 컬러 실을 20cm 정도 남기고 인형 크기에 맞춰 사슬뜨기를 뜹니다. 여기서는 사슬뜨기를 22번 하였습니다.
도안대로 뜬 다음 바느질을 위해 실을 20cm 정도 남깁니다.

✕ 표정 및 귀 달기

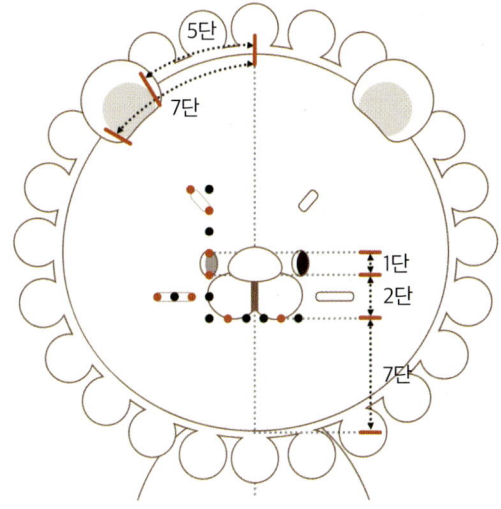

·눈: 진브라운 2번, 화이트 1번
·눈썹: 화이트 1번
·볼: 핑크 1번

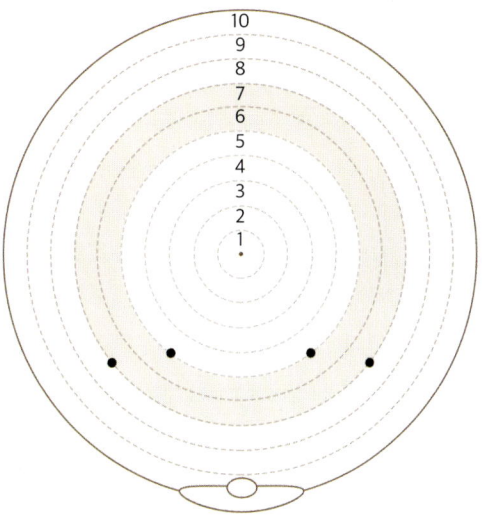

위에서 본 귀 시작 위치

✕ 팔 달기

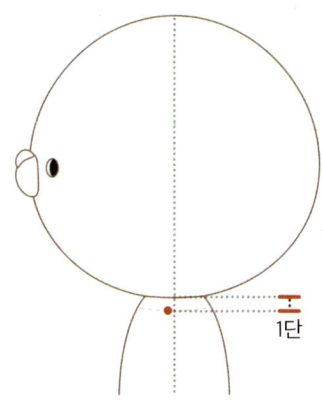

몸통 위에서부터 1단 아래에 팔을 달아 주세요.
세로 중심선을 기준으로 조금 앞쪽에 달아 주는 것이 좋습니다.

× 머리&몸통

01. 솜을 넣고 머리와 몸통을 연결합니다. 마무리하기 전 창구멍을 남기고 솜을 넣어 모양을 만드는 것도 잊지 마세요.

× 팔

02. 양쪽 팔 모두 솜을 반만 넣고 조여줍니다. 실이 길게 남은 한쪽 팔을 이용해 몸통 위에서부터 1단 아래에 팔을 연결합니다.

× 주둥이

03. 주둥이 아랫부분을 머리 아래에서부터 7단에 놓고 시침핀으로 고정합니다. 주둥이 아랫부분이 열린 형태로 바느질해 주세요. ▶48쪽 저스틴 12~14를 참고하세요. 라이언은 편물의 안쪽 면을 겉면으로 사용하지 않습니다.

× 코

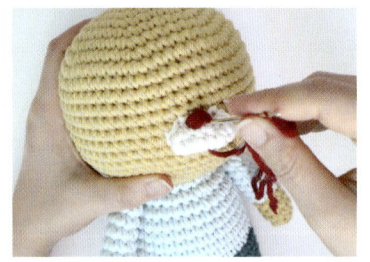

04. 딥레드 컬러 실로 코를 수놓고 정리합니다. 같은 컬러 실을 돗바늘에 새로 걸어 주세요. 바늘을 코의 안쪽에서 바깥 쪽으로 빼 주둥이의 갈라진 부분을 표현합니다. ▶48쪽 저스틴 15~23을 참고하세요.

× 표정

05. 도안에서 위치를 확인하고 표정을 수놓습니다. 눈은 같은 구멍에 진브라운 컬러를 두 번, 화이트 컬러를 한 번 수놓습니다.

× 귀

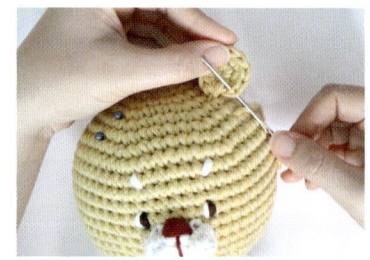

06. 귀를 달기 전 갈기를 머리에 둘러보고 갈기의 위치를 확인하세요. 머리 위에서부터 5단과 7단, 갈기 앞쪽에 시침핀으로 귀의 위치를 표시하고 귀를 답니다. 이때 편물의 겉면이 정면으로 오도록 바느질해 주세요. ▶50쪽 저스틴 33~38을 참고하세요.

✕ 갈기

07. 도안대로 뜬 갈기의 시작 부분에 빼뜨기를 해 갈기를 원형으로 만듭니다. 머리에 시침핀으로 고정하고 머리 아래에서부터 촘촘하게 둘러 가며 바느질합니다.

✕ 멜빵

08. 청록 컬러 실을 20cm 정도 남기고 사슬뜨기를 시작합니다. 알맞은 길이의 사슬뜨기 멜빵을 완성한 다음 몸통에 달아 줍니다. 나머지도 동일하게 진행합니다.

완성!

오동통 토끼
팻토

당근을 너무 너무 좋아해 오동통 살이 오른 팻토예요.

팻토에게 당근은 아주 중요하기 때문에 한시도 손에서 놓을 수 없어요.

작은 귀에 큰 당근을 가진 매력 만점 팻토는 아이들을 위한

애착 인형으로도 손색이 없답니다.

─(READY TO DO)─

팻토 FATTO

완성 크기 : 25cm

실 : 6mm 면사

연레몬 ▭ , 연아이보리 ▭ , 핑크 ▬ , 옐로 ▬ ,

오렌지 ▬ , 진그린 ▬ , 차콜그린 ▬ , 딥레드 ▬

바늘 : 모사용 코바늘 6호, 돗바늘, 10cm 길이의 돗바늘

 팻토

• PATTERN •

✕ 머리&몸통

1	(6)	원형뜨기로 ✕ · 6, •
2	(12)	○, ❤ · 6, •
3	(18)	○, (✕ ❤) · 6, •
4	(24)	○, (✕ ✕ ❤) · 6, •
5	(30)	○, (✕ ✕ ✕ ❤) · 6, •
6	(36)	○, (✕ ✕ ✕ ✕ ❤) · 6, •
7	(42)	○, (✕ ✕ ✕ ✕ ✕ ❤) · 6, •
8	(48)	○, (✕ ✕ ✕ ✕ ✕ ✕ ❤) · 6, •
9	(54)	○, (✕ ✕ ✕ ✕ ✕ ✕ ✕ ❤) · 6, •
10	(60)	○, (✕ ✕ ✕ ✕ ✕ ✕ ✕ ✕ ❤) · 6, •
11~17	(60)	○, ✕ · 60, •
18	(63)	○, (✕ ✕ ✕ ✕ ✕ ✕ ✕ ✕ ✕ ✕ ✕ ✕ ✕ ✕ ✕ ✕ ✕ ✕ ✕ ❤) · 3, •
19	(63)	○, ✕ · 63, •
20	(66)	○, (✕ ❤) · 3, •
21	(66)	○, ✕ · 66, •
22	(72)	○, (✕ ✕ ✕ ✕ ✕ ✕ ✕ ✕ ✕ ✕ ✕ ❤) · 6, •
23	(72)	○, ✕ · 72, •
24	(78)	○, (✕ ✕ ✕ ✕ ✕ ✕ ✕ ✕ ✕ ✕ ✕ ✕ ❤) · 6, •
25	(78)	○, ✕ · 78, •
26	(84)	○, (✕ ✕ ✕ ✕ ✕ ✕ ✕ ✕ ✕ ✕ ✕ ✕ ✕ ❤) · 6, •
27	(84)	○, ✕ · 84, •
28	(90)	○, (✕ ✕ ✕ ✕ ✕ ✕ ✕ ✕ ✕ ✕ ✕ ✕ ✕ ✕ ❤) · 6, •
29~33	(90)	○, ✕ · 90, •
34	(84)	○, (✕ ✕ ✕ ✕ ✕ ✕ ✕ ✕ ✕ ✕ ✕ ✕ ✕ ⋀) · 6, •
35	(78)	○, (✕ ✕ ✕ ✕ ✕ ✕ ✕ ✕ ✕ ✕ ✕ ✕ ⋀) · 6, •

36	(72)	○, (××××××××××⌃) · 6, •
37	(66)	○, (×××××××××⌃) · 6, •
38	(60)	○, (××××××××⌃) · 6, •
39	(54)	○, (×××××××⌃) · 6, •
40	(48)	○, (××××××⌃) · 6, •
41	(42)	○, (×××××⌃) · 6, •
42	(36)	○, (××××⌃) · 6, •

지금부터는 솜을 넣으면서 단을 올려 주세요.

43	(30)	○, (×××⌃) · 6, •
44	(24)	○, (××⌃) · 6, •
45	(18)	○, (××⌃) · 6, •
46	(12)	○, (×⌃) · 6, •
47	(6)	○, ⌄ · 6, •

바느질을 위해 실을 30cm 정도 남긴 다음 부족한 부분에 솜을 더 넣어 모양을 잡습니다.
마지막 단 6코의 머리를 바깥쪽만 갈라 차례로 돗바늘을 통과시킵니다.
실을 잡아당겨 구멍을 오므리고 실을 정리합니다.

× 주둥이

1	(6)	**원형뜨기로** × · 6,

안쪽 면을 사용하기 위해 1단의 빼뜨기에서부터 짧은 실을 숨기면서 뜹니다.

2	(12)	○, ⌄ · 6

빼뜨기로 마무리하지 않고 바느질을 위해 실을 40cm 정도 남깁니다.
숨기면서 뜬 짧은 실은 잡아당겨 바짝 잘라 정리합니다.

× 팔 (2번 떠 주세요.)

1	(6)	**원형뜨기로** × · 6, •
2	(12)	○, ⌄ · 6, •
3~9	(12)	○, × · 12, •

두 팔 중 하나는 실을 20cm 정도 남기고 나머지 하나는 바느질을 위해 실을 60cm 정도 남깁니다.

✕ 귀 (2번 떠 주세요.)

1	(6)	원형뜨기로 ✕ · 6, •
2	(9)	୦, (✕ ✙) · 3, •
3	(12)	୦, (✕ ✕ ✙) · 3, •
4~11	(12)	୦, ✕ · 5,
		✕ · 3, (핑크 컬러 실 배색 구간입니다.)
		✕ · 4, •

바느질을 위해 실을 40cm 정도 남깁니다.

✕ 당근

1	(6)	원형뜨기로 ✕ · 6, •
2	(9)	୦, (✕ ✙) · 3, •
3	(12)	୦, (✕ ✕ ✙) · 3, •
4	(15)	୦, (✕ ✕ ✕ ✙) · 3, •
5~11	(15)	୦, ✕ · 15, •
12	(12)	୦, (✕ ✕ ✕ ✿) · 3, •

12단까지 뜨고 솜을 채웁니다.

| 13 | (6) | ୦, ✙ · 6, • |

바느질을 위해 실을 30cm 정도 남긴 다음 부족한 부분에 솜을 더 넣어 모양을 잡습니다.
마지막 단 6코의 머리를 바깥쪽만 갈라 차례로 돗바늘을 통과시킵니다.
실을 잡아당겨 구멍을 오므리고 실을 정리합니다.

✕ 당근 꼭지

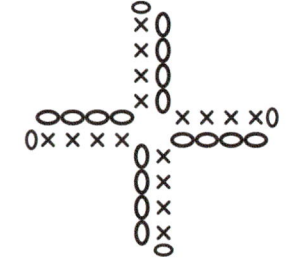

진그린 컬러 실을 20cm 정도 남기고
사슬뜨기를 4번 뜬 다음 기둥코를 뜨고 짧은뜨기를 4번 뜹니다.
사슬뜨기부터 이 과정을 3번 더 연결해 반복합니다.
바느질을 위해 실을 30cm 정도 남겨 주세요.

✕ **발** (2번 떠 주세요.)

0 (8)	**사슬뜨기로 ⬭ · 8, ⬯**
1 (18)	한쪽 면은 코산을 뜨고 반대편은 코의 머리를 뜹니다.
2 (26)	
3 (34)	
4 (40)	
5 (40)	
6 (32)	
7 (27)	
8 (23)	

바느질을 위해 실을 40cm 정도 남깁니다.

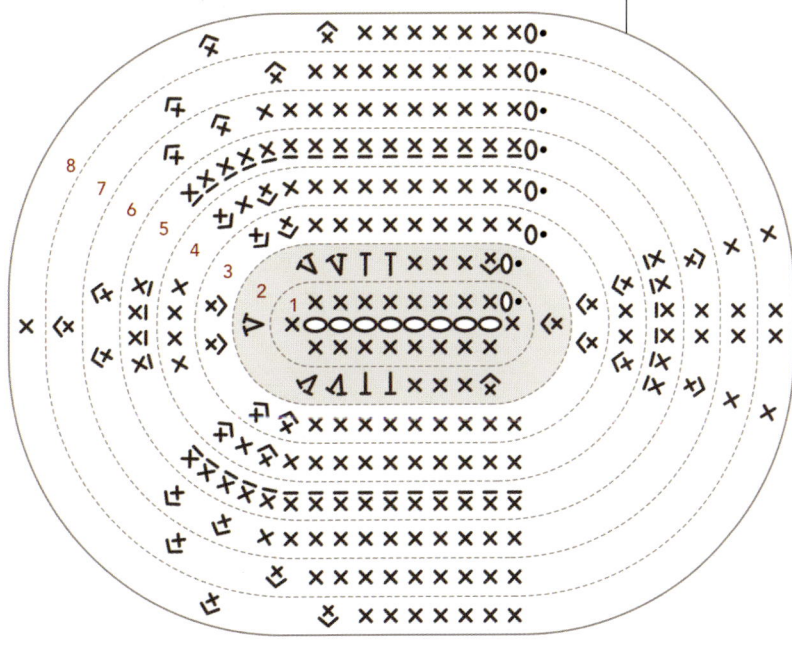

0~8단은 89쪽 TIP을 참고해 떠 주세요.

✕ 표정 및 귀 달기

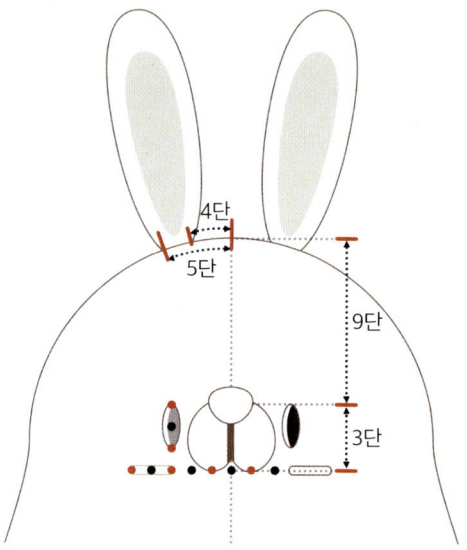

·눈: 차콜그린 2번
　　연아이보리 1번
·볼: 핑크 1번

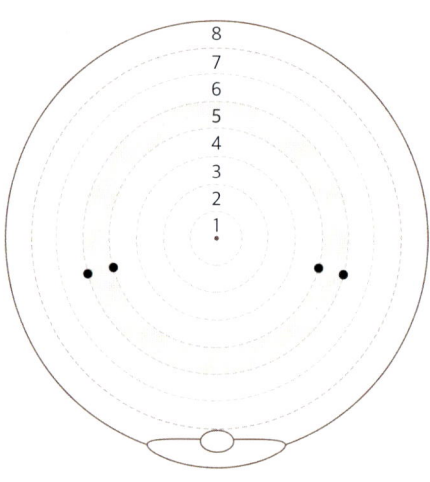

위에서 본 귀 시작 위치

✕ 팔 및 발 달기

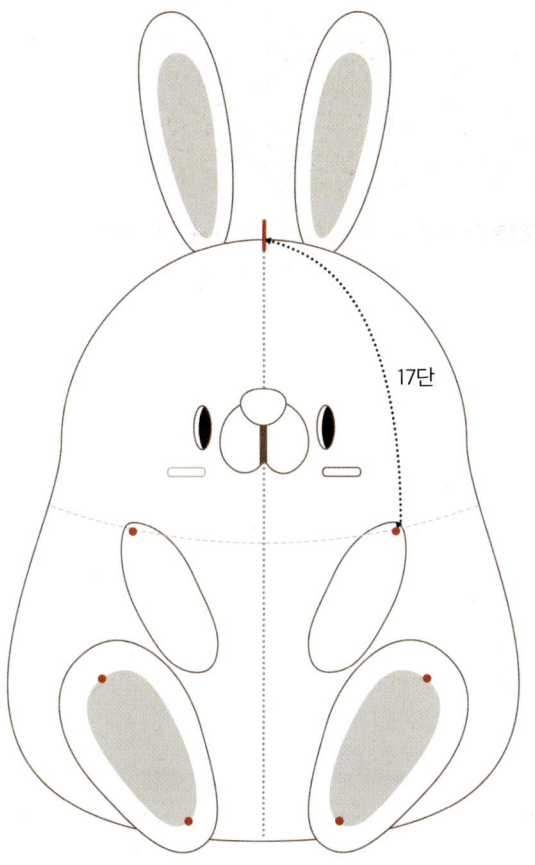

17단

발은 감침질한 실로 양 끝을 한 번씩 고정한 다음
발과 몸이 맞닿는 부분을 마저 바느질해 줍니다.

⨯ 몸통

01. 42단부터 솜을 넣으면서 모양을 잡아 떠 주세요. 마지막 단을 '닫힌 원형 뜨기 후 실 마무리하기' 방법으로 조여 마무리합니다.

⨯ 주둥이

02. 안쪽 면을 겉면으로 사용합니다. 주둥이 아랫부분을 위에서부터 12단에 두고 시침핀으로 고정합니다. 아랫부분이 열린 형태로 바느질해 주세요. ▶48쪽 저스틴 12~14를 참고하세요.

⨯ 코&입

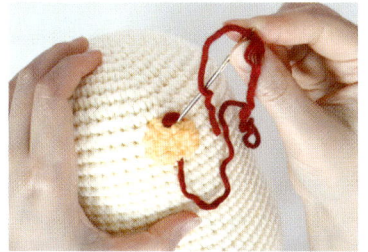

03. 딥레드 컬러 실을 돗바늘에 걸어 가로로 수놓아 코를 완성하고 실을 정리합니다. 같은 컬러 실을 돗바늘에 새로 걸어 주둥이의 갈라진 부분을 표현합니다. ▶48쪽 저스틴 15~23을 참고하세요.

⨯ 표정

04. 도안을 확인하고 표정을 수놓습니다. 눈은 같은 구멍에 차콜그린 컬러를 두 번, 화이트 컬러를 한 번 수놓습니다.

⨯ 귀

05. 위에서부터 4단, 5단에 시침핀으로 위치를 표시합니다. 귀를 반으로 접어 바느질한 다음 답니다. ▶93쪽 캔디바니 08~12를 참고하세요.

⨯ 발

06. 솜을 넣고 열린 부분을 감침질합니다.

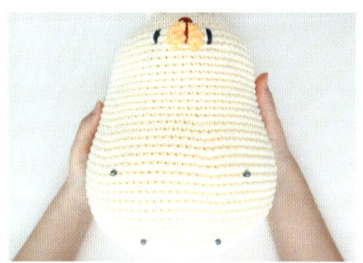

07. 06에서 바느질한 부분의 양 끝을 몸통에 고정할 수 있도록 시침핀으로 표시해 주세요.

08. 발에 연결된 실을 돗바늘에 겁니다. 돗바늘을 시침핀으로 표시한 곳 중 윗부분에 넣고 아랫부분으로 빼냅니다.

09. 빼낸 돗바늘을 감침질한 발의 끝쪽에 걸어 아랫부분에 고정합니다.

10. 양 끝이 고정된 발과 몸통이 맞붙는 부분을 둘러 가며 바느질해 몸통과 연결합니다.

✕ 팔

✕ 당근

11. 위에서부터 17단에 시침핀을 꽂아 위치를 잡고 팔을 달아 줍니다. ▶51쪽 저스틴 39~47을 참고하세요.

12. 끝부분을 조여 당근 모양을 만들고 꼭지를 달아 줍니다. 팔에 비느질해 고정합니다.

완성!

Red Eye

Odd Eye

Green Eye

손안에 고양이

마이캣

손안에 쏘옥 들어오는 귀염둥이 고양이 세 마리예요.

동그랗게 올라간 꼬리와 가지런한 앞발이 매력적인 마이캣을 뜨고 잘 보이는 곳에 두세요.

보는 것만으로도 행복이 차오를 거예요.

고양이를 모시는 집사 친구에게 선물해도 좋답니다.

⸨ READY TO DO ⸩

레드아이 RED EYE

완성 크기 : 4.5cm

실 : 4.5mm 울사 - 화이트 ▭ , 머스터드 ▬

 3.5mm 울사 - 와인 ▬ , 진피치 ▬ ,

 브라운 ▬

바늘 : 모사용 코바늘 5호, 돗바늘, 일반 바늘

부재료 : 퀼팅실, 공예용 와이어, 펜치

오드아이 ODD EYE

완성 크기 : 4.5cm

실 : 4.5mm 울사 - 화이트 ▭

 3.5mm 울사 - 피치 ▬ , 아쿠아블루 ▬ ,

 블루그린 ▬

바늘 : 모사용 코바늘 5호, 돗바늘, 일반 바늘

부재료 : 퀼팅실, 공예용 와이어, 펜치

그린아이 GREEN EYE

완성 크기 : 4.5cm

실 : 4.5mm 울사 - 화이트 ▭ , 진그레이 ▬

 3.5mm 울사 - 피치 ▬ , 아쿠아블루 ▬

바늘 : 모사용 코바늘 5호, 돗바늘, 일반 바늘

부재료 : 퀼팅실, 공예용 와이어, 펜치

 # 레드아이

마이캣의 도안은 모두 같습니다. 몸통, 귀, 꼬리의 실 컬러가 다르니 실만 바꿔 뜨세요. 책에서는 '레드아이'를 떠 볼게요.

✕ 머리&몸통

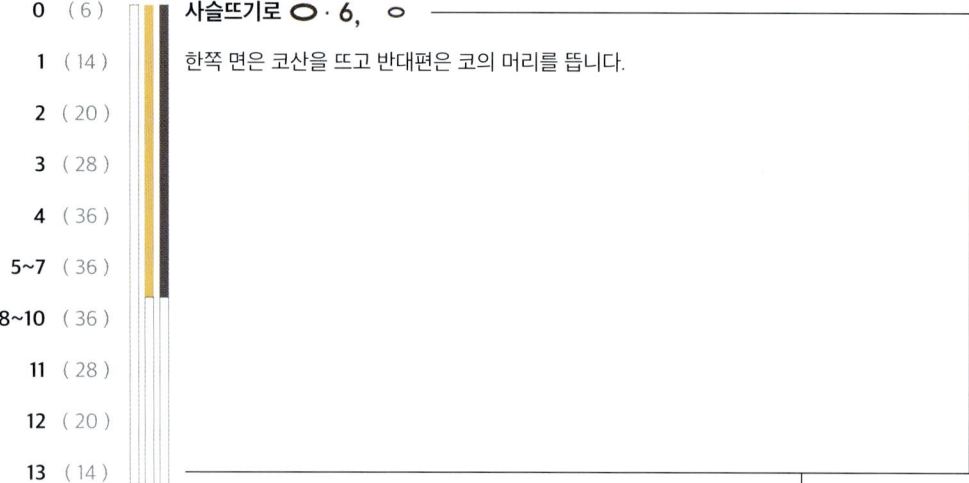

0 (6)	**사슬뜨기로 ○ · 6, ○**
1 (14)	한쪽 면은 코산을 뜨고 반대편은 코의 머리를 뜹니다.
2 (20)	
3 (28)	
4 (36)	
5~7 (36)	
8~10 (36)	
11 (28)	
12 (20)	
13 (14)	

바느질을 위해 실을 40cm 정도 남깁니다.

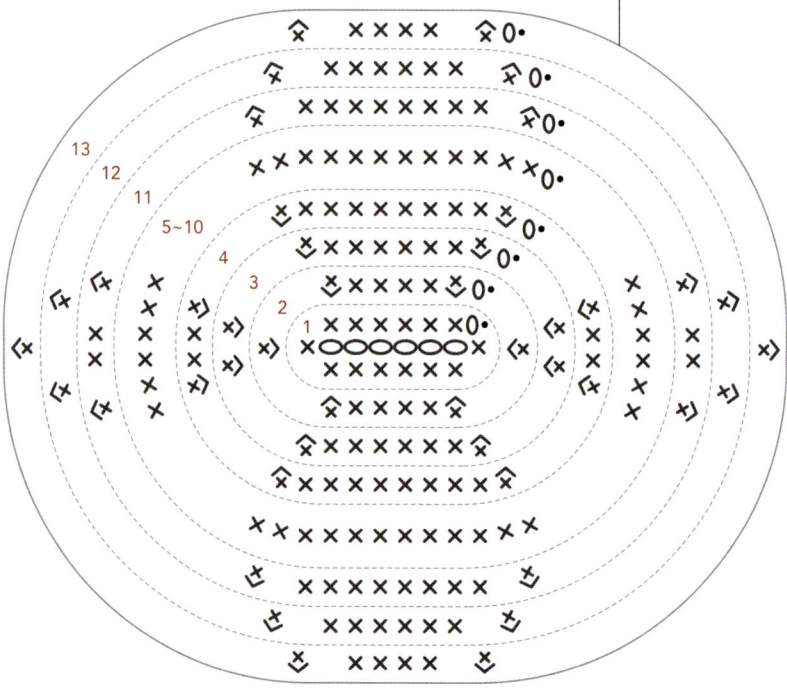

0~13단은 89쪽 TIP을 참고해 떠 주세요.

118

✕ 귀 (2번 떠 주세요.)

| 1 | (4) | ▌ | 원형뜨기로 ✕ · 4,   • |
| 2 | (6) | | ○, (✕ ✹) · 2, • |

바느질을 위해 실을 30cm 정도 남깁니다.

✕ 발 (4번 떠 주세요.)

1	(6)	▌	원형뜨기로 ✕ · 6, •
2	(6)		○, ✕ · 6, •
3	(6)		○, ✕ · 6, •

바느질을 위해 실을 30cm 정도 남깁니다.

✕ 주둥이

| 1 | (6) | ▯ | 원형뜨기로 ✕ · 6 |

빼뜨기로 마무리하지 않고 바느질을 위해
실을 30cm 정도 남깁니다.

✕ 꼬리

| 1 | (5) | ▌ | 원형뜨기로 ✕ · 5,   • |
| 2~7 | (5) | | ○, ✕ · 5, • |

바느질을 위해 실을 30cm 정도 남깁니다.

✕ 표정 및 귀 달기

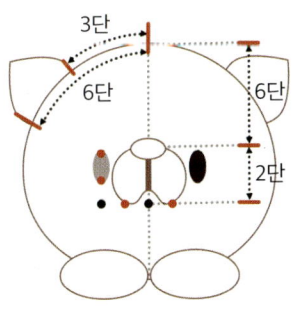

·눈: 인형마다 컬러 확인 후 2번

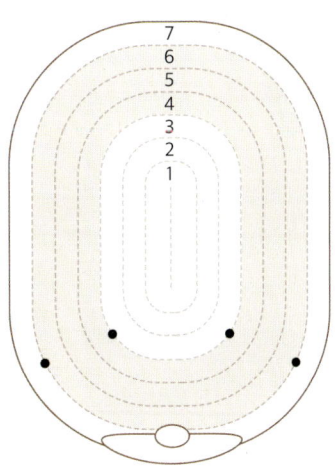

위에서 본 귀 시작 위치

✕ 꼬리 및 발 달기

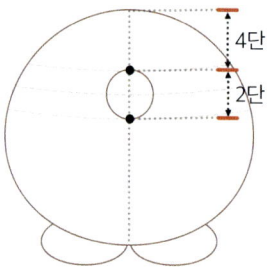

4단
2단

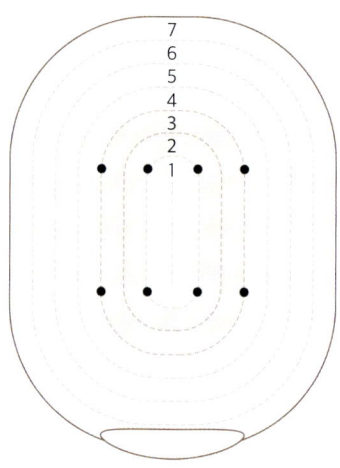

7
6
5
4
3
2
1

아래에서 본 발 위치

✕ 머리&몸통

01. 솜을 넣고 코의 머리를 갈라 겉과 겉을 감침질해 마무리합니다. 마무리하기 전에 창구멍을 남기고 솜을 넣어 모양을 잡는 것도 잊지 마세요.

✕ 주둥이

02. 주둥이 편물의 안쪽 면을 겉면으로 사용합니다. 주둥이 아랫부분을 위에서부터 8단에 두고 시침핀으로 고정합니다. 주둥이 아랫부분이 열린 형태로 바느질해 주세요. ▶48쪽 저스틴 12~14를 참고하세요.

✕ 코&입

03. 진피치 컬러 실을 돗바늘에 걸어 가로로 수놓아 코를 완성하고 실을 정리합니다. 같은 컬러 실을 반으로 갈라 얇게 만든 후 돗바늘에 새로 연결해 주둥이의 갈라진 부분을 표현합니다. ▶ 48쪽 저스틴 15~23을 참고하세요.

× 표정

04. 도안에서 위치를 확인하고 와인 컬러 실로 눈을 두 번 수놓습니다.

× 귀

05. 위에서부터 3단, 6단에 시침핀으로 위치를 표시한 다음 귀를 반으로 접어 바느질하고 답니다.

× 발

06. 도안에서 위치를 확인하고 앞발은 얼굴 아래에서 살짝 보이게, 뒷발은 꼬리 아랫부분에 달아 줍니다. 발의 앞쪽을 한 번 더 고정합니다. ▶52쪽 저스틴 48~52를 참고하세요.

× 꼬리

07. 공예용 와이어의 끝을 구부려 꼬리에 넣고 바느질합니다.

× 수염

08. 퀼팅실을 일반 바늘에 걸어 매듭지은 다음 주둥이에 가로로 찔러 넣습니다. 매듭지은 부분이 주둥이에 걸리면 적당한 길이로 잘라 줍니다.

× 머리 무늬

09. 브라운 컬러 실로 머리 무늬를 수놓습니다. ▶'레드아이'만 머리 무늬가 있습니다.

완성!

121

Nana

Narae

별난 쌍둥이

나나와 나래

곱슬곱슬 파마머리 쌍둥이 나나와 나래입니다.

둘이 어찌나 똑같이 생겼는지 다른 색 옷을 입지 않으면 구별하지 못할 정도예요.

민트색 옷을 입은 아이가 나나, 보라색 옷을 입은 아이가 나래입니다.

두 아이가 똑같다고 이름을 바꿔 부르면 매우 곤란해요.

나나와 나래가 토라질 수도 있거든요.

───(READY TO DO)───

나나 NANA
완성 크기 : 8cm
실 : 4.5mm 울사 - 스킨 ▭ , 민트 ▭
　　　연레몬 ▭ , 진그레이 ▭ , 핑크 ▭ ,
　　　아쿠아블루 ▭
　　　링구사 - 화이트 ▭
바늘 : 모사용 코바늘 5호, 돗바늘, 일반 바늘
부재료 : 퀼팅실, 두꺼운 종이

나래 NARAE
완성 크기 : 8cm
실 : 4.5mm 울사 - 스킨 ▭ , 바이올렛 ▭
　　　연레몬 ▭ , 진그레이 ▭ , 핑크 ▭ ,
　　　아쿠아블루 ▭
　　　링구사 - 연핑크 ▭
바늘 : 모사용 코바늘 5호, 돗바늘, 일반 바늘
부재료 : 퀼팅실, 두꺼운 종이

 **나래**

• PATTERN •

나나와 나래의 도안은 같습니다. 몸통과 팔소매, 머리카락 컬러가 다르니 실만 바꿔 뜨세요. 책에서는 '나래'를 떠 볼게요.

✕ 몸통

1	(6)	원형뜨기로 ✕ · **6**, •
2	(12)	○, ✖ · **6**, •
3	(18)	○, (✕ ✖) · **6**, •
4	(24)	○, (✕ ✕ ✖) · **6**, •
5	(30)	○, (✕ ✕ ✕ ✖) · **6**, •
6	(30)	○, ✖ · **30**, •
7	(24)	○, (✕ ✕ ✕ ✿) · **6**, •
8	(24)	○, ✕ · **24**, •
9	(18)	○, (✕ ✕ ✿) · **6**, •
10	(18)	○, ✕ · **18**, •

바느질을 위해 실을 40cm 정도 남깁니다.

✕ 머리

1	(6)	원형뜨기로 ✕ · **6**, •
2	(12)	○, ✖ · **6**, •
3	(18)	○, (✕ ✖) · **6**, •
4	(24)	○, (✕ ✕ ✖) · **6**, •
5	(30)	○, (✕ ✕ ✕ ✖) · **6**, •
6~10	(30)	○, ✕ · **30**, •
11	(24)	○, (✕ ✕ ✕ ✿) · **6**, •
12	(18)	○, (✕ ✕ ✿) · **6**, •

실은 정리해 주세요.

✕ 팔 (2번 떠 주세요.)

1	(5)	원형뜨기로 ✕ · **5**, •
2	(5)	○, ✕ · **5**, •
3~5	(5)	○, ✕ · **5**, •

두 팔 중 하나는 실을 15cm 정도 남기
고 나머지 하나는 바느질을 위해 실을
40cm 정도 남깁니다.

✕ 다리 (2번 떠 주세요.)

1	(6)	원형뜨기로 ✕ · **6**, •
2	(6)	○, ✕ · **6**, •
3~4	(6)	○, ✕ · **6**, •

바느질을 위해 실을 30cm 정도 남깁니다.

╳ 치맛단

1 （30）　██▐█▐　몸통을 거꾸로 들고 이랑뜨기 라인에 바늘을 넣어 기본코를 뜨고 시작합니다.

　　██▐█▐　ㅇ，　× · 30

빼뜨기로 마무리하지 않고 바느질을 위해 실을 20cm 정도 남깁니다.

╳ 표정

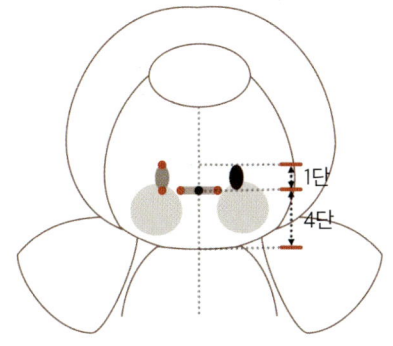

· 눈: 아쿠아블루 1번
· 입: 핑크 1번

╳ 발 달기

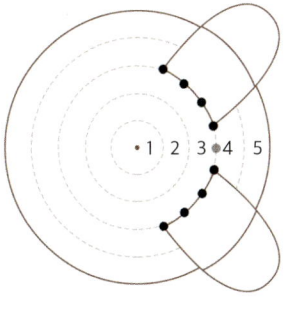

아래에서 본 모습

╳ 머리 묶는 위치 및 팔 달기

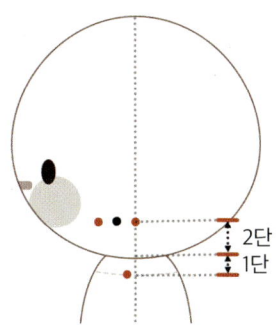

머리카락을 고정할 위치입니다.
주황색 부분에 시침핀을 꽂아 표시한 다음 바느질하세요.

몸통 위에서부터 1단 아래에 팔을 달아 주세요.
세로 중심선을 기준으로 조금 앞쪽에 달아 주는 것이 좋습니다.

✕ 머리&몸통

✕ 바닥 면

01. 솜을 넣고 머리와 몸통을 연결합니다. 마무리하기 전 창구멍을 남기고 솜을 넣어 모양을 만드는 것도 잊지 마세요.

02. 머리와 몸통을 연결하고 남은 실로 몸통의 바닥 면을 평평하게 만듭니다.
▶47쪽 저스틴 08~11을 참고하세요.

✕ 치맛단

03. 인형을 거꾸로 들고 치맛단 뜨개를 시작합니다. 이랑뜨기 단의 마지막 코 이랑뜨기 라인에 바늘을 넣어 새로운 실을 가져옵니다.

04. 실을 휘감아 고리 사이로 빼냅니다.

05. 짧은 실과 긴 실을 묶어 조여 주세요.

06. 사슬뜨기를 1개 떠 기둥코를 만듭니다.

07. 처음 바늘을 넣었던 곳에 다시 바늘을 집어넣고 짧은뜨기를 뜬 다음 이랑뜨기 라인을 짧은뜨기로 모두 둘러주세요.

08. 마지막 이랑뜨기 라인까지 짧은뜨기를 뜹니다. 바느질을 위해 실을 20cm 정도 남기고 자른 후 실을 빼냅니다.

09. 남은 실을 돗바늘에 걸어 처음 뜬 코의 머리 아래에서부터 통과시킵니다.

10. 실이 나온 부분으로 돗바늘을 넣어 통과시킵니다.

11. 코 하나의 크기가 될 때까지 실을 당겨 자연스럽게 코가 연결된 상태를 만듭니다. 남은 실은 정리해 주세요.

✕ 머리카락

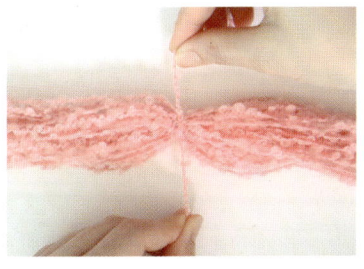

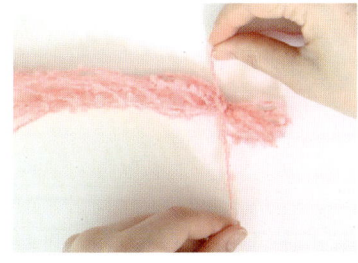

12. 두꺼운 종이를 10cm 길이로 자릅니다. 자른 종이에 링구사를 약 30번 감아 줍니다.

13. 감은 실을 자릅니다. 같은 실로 가운데를 단단하게 2번 묶어 줍니다.

14. 손가락으로 앞머리로 사용할 링을 6개 만들어 주세요. 13에서 완성한 머리카락 타래 밑에 앞머리를 두고 모양을 확인합니다. 앞머리와 머리카락이 맞닿을 부분을 단단히 묶어 주세요.

15. 앞머리를 밑에 두고 머리카락 타래를 위에 올려 줍니다. 바느질할 때 방해가 되지 않도록 왼손으로 머리카락을 잡아 주세요.

16. 머리카락 묶은 곳을 세 부분으로 나누어 고정할 거예요.

17. 먼저 퀼팅실을 일반 바늘에 걸어 2줄로 만든 다음 매듭짓습니다. 머리 뒤 오른쪽에서 한 땀 뜨고 매듭지어진 실 사이로 바늘을 통과시켜 실을 편물에 고정하세요.

18. 머리카락을 묶은 곳 왼쪽으로 바늘을 통과시킵니다.

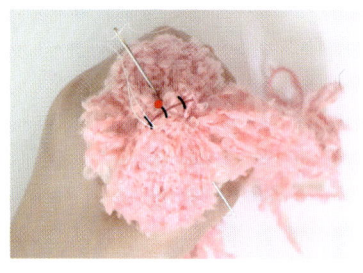

19. 머리카락 맞은편 오른쪽으로 바늘을 넣고 왼쪽으로 바늘을 통과시킵니다.

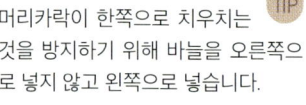

TiP 머리카락이 한쪽으로 치우치는 것을 방지하기 위해 바늘을 오른쪽으로 넣지 않고 왼쪽으로 넣습니다.

20. 왼쪽에서 바늘을 넣어 머리카락을 묶은 곳 오른쪽으로 빼냅니다.

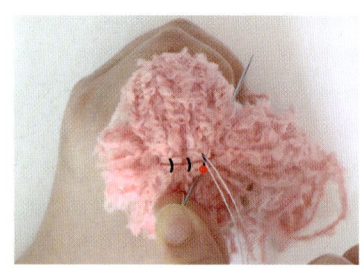

21. 맞은편 왼쪽으로 바늘을 넣어 머리의 오른쪽으로 빼냅니다.

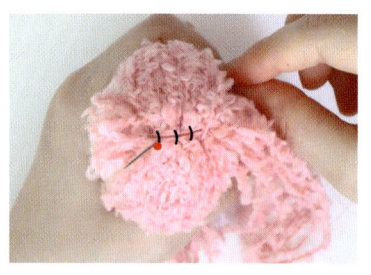

22. 머리카락을 묶은 곳 앞부분을 고정하기 위해 바느질 위치만 앞쪽으로 바꾼 다음 19~21을 반복하세요.

23. 왼쪽으로 나온 바늘을 한 땀 뜨고 매듭지어 줍니다. 바늘을 인형 안쪽으로 넣고 실을 잘라 정리합니다.

✕ 표정

24. 핑크 컬러와 아쿠아블루 컬러 실로 입과 눈을 차례로 한 번씩 수놓습니다.

✕ 팔

25. 팔에 솜을 넣지 않고 몸통 위에서부터 1단 아래에 팔을 연결합니다.

✕ 머리 묶기

26. 머리 묶을 위치를 시침핀으로 표시합니다.

27. 머리카락을 둘로 나눠 주세요.

28. 바늘에 퀼팅실을 걸고 머리 뒤쪽에서 한 땀 뜬 다음 시작합니다.

29. 시침핀으로 표시한 곳으로 바늘을 빼냅니다. 머리를 묶는 것처럼 감싸면서 두 코 옆 표시한 곳으로 바늘을 넣어 줍니다. 같은 과정을 2~3번 반복해 단단하게 고정합니다.

30. 반대편도 같은 방법으로 작업한 후 뒷머리를 고정합니다. 머리카락과 같은 실로 머리의 뒷부분을 바느질해 빈 곳을 메웁니다.

31. 연레몬 컬러 실로 리본을 만들어 양 갈래 머리를 표현해 주세요.

32. 머리카락 끝을 잘라 정리합니다.

✕ 다리

33. 아래에서부터 3단, 4단 사이에 시작점을 표시하고 솜을 넣지 않은 다리를 연결합니다. ▶52쪽 저스틴 50~51을 참고하세요.

✕ 볼터치

34. 아이섀도로 볼터치를 해 주세요.

완성!

Gongsimi

Dantae

+ GONGSIMI&DANTAE +

드라마 주인공

공심이와 단태

똑떨어지는 단발머리가 참 잘 어울리는 공심이와 그의 남자친구 단태예요.
단발머리 소녀 인형을 만든 후 어떤 이름을 붙여 줄지 고민하다가
재미있게 본 드라마 주인공이 떠올랐어요. 그 후로 이 소녀를 공심이라고 부른답니다.
드라마 속 주인공과 외모뿐만 아니라 성격까지 닮은
공심이와 단태, 만들어 볼까요?

───(READY TO DO)───

공심이 GONGSIMI

완성 크기 : 14cm
실 : 4.5mm 울사
스킨 ▨ , 형광연두 ▬ 화이트 ☐ ,
다크블루 ▬ , 핑크 ▬ , 진그레이 ▬
바늘 : 모사용 코바늘 5호, 돗바늘, 일반 바늘
부재료 : 투명실, 퀼팅실, 지름 4mm 분홍
색 구슬, 지름 4mm 연청녹색 구슬, 남색
재봉실, 레이스, 두꺼운 종이

단태 DANTAE

완성 크기 : 14cm
실 : 4.5mm 울사
스킨 ▨ , 옐로 ▬ , 다크블루 ▬ ,
핑크 ▬ , 진그레이 ▬
바늘 : 모사용 코바늘 5호, 돗바늘, 일반 바늘
부재료 : 투명실, 지름 4mm 흰색 구슬, 지
름 4mm 보라색 구슬, 남색 재봉실, 두꺼운
종이

• PATTERN •

✕ 몸통&다리 (다리는 2번 떠 주세요.)

1	(6)	원형뜨기로 ✕ · **6**, •
2	(12)	○, ✧ · **6**, •
3	(12)	○, ✕ · **12**, •
4~6	(12)	○, ✕ · **12**, •

실을 자르고 정리한 후, 1~6단을 반복해 하나 더 뜹니다.
6단 마지막 코에서 화이트 컬러 실로 배색하고 빼뜨기한 다음 사슬뜨기를 3번 뜹니다.

| 7 | (30) | 왼쪽 다리에 ✕ · **12**, 사슬뜨기에 ✕ · **3**, |
| | | 오른쪽 다리에 ✕ · **12**, 사슬뜨기에 ✕ · **3**, • |

33쪽 '사슬뜨기로 다리 연결하기'를 참고해 양쪽 다리를 연결해 주세요.

8~11	(30)	○, ✕ · **30**, •
12~16	(30)	○, ✕ · **30**, •
17	(24)	○, (✕ ✕ ✕ ✧) · **6**, •
18	(24)	○, ✕ · **24**, •

바느질을 위해 실을 40cm 정도 남깁니다.

✕ 팔 (2번 떠 주세요.)

1	(4)	원형뜨기로 ✕ · **4**, •
2	(8)	○, ✧ · **4**, •
3	(8)	○, ✕ · **8**, •
4~11	(8)	○, ✕ · **8**, •

4~11단까지 다크블루 컬러로 시작해 매 단마다 형광연두 컬러, 다크블루 컬러 실을 바꿔 가며 떠 줍니다.
두 팔 중 하나는 실을 15cm 정도 남기고 나머지 하나는 바느질을 위해 실을 40cm 정도 남깁니다.

✕ 머리

1	(6)	원형뜨기로 ✕ · 6, ●
2	(12)	○, ✌ · 6, ●
3	(18)	○, (✕ ✌) · 6, ●
4	(24)	○, (✕ ✕ ✌) · 6, ●
5	(30)	○, (✕ ✕ ✕ ✌) · 6, ●
6	(36)	○, (✕ ✕ ✕ ✕ ✌) · 6, ●
7	(42)	○, (✕ ✕ ✕ ✕ ✕ ✌) · 6, ●
8~15	(42)	○, ✕ · 42, ●
16	(36)	○, (✕ ✕ ✕ ✕ ✕ ⌂) · 6, ●
17	(30)	○, (✕ ✕ ✕ ✕ ⌂) · 6, ●
18	(24)	○, (✕ ✕ ✕ ⌂) · 6, ●

실은 정리해 주세요.

✕ 표정

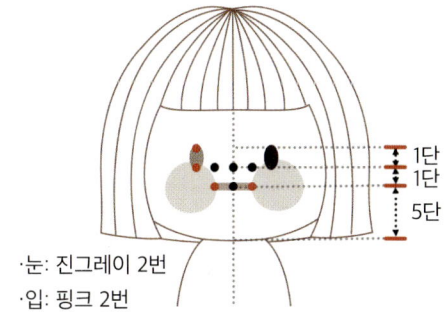

1단
1단
5단

·눈: 진그레이 2번
·입: 핑크 2번

오른쪽 눈을 먼저 수놓은 다음 대칭을 확인하면서 왼쪽 눈을 수놓습니다. 왼쪽 눈은 도안에서 표시된 것보다 한 칸 왼쪽에 수놓아도 좋아요.

✕ 팔 달기

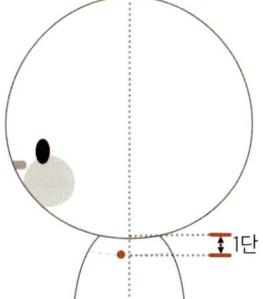

1단

몸통 위에서부터 1단 아래에 팔을 달아 주세요. 세로 중심선을 기준으로 조금 앞쪽에 달아 주는 것이 좋습니다.

✕ 머리&몸통

01. 솜을 넣고 머리와 몸통을 연결합니다. 마무리하기 전 창구멍을 남기고 솜을 넣어 모양을 만드는 것도 잊지 마세요.

✕ 팔

02. 양쪽 팔 모두 솜을 반만 넣고 조여줍니다. 실이 길게 남은 한쪽 팔을 이용해 몸통 위에서부터 1단 아래에 팔을 연결합니다.

✕ 치마

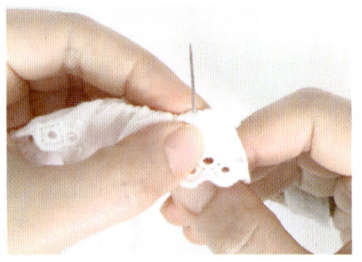

03. 레이스를 몸통 둘레보다 2cm 넉넉하게 자릅니다. 일반 바늘에 퀼팅실을 걸어 매듭을 만든 후 바늘을 레이스에 통과시킵니다. 매듭이 레이스에 걸릴 때까지 바늘을 빼냅니다.

04. 몸통의 뒷부분에서부터 공그르기로 바느질하며 레이스를 연결합니다.

05. 끝까지 공그르기를 한 다음 치마의 옆 선도 같은 방법으로 마무리합니다. 매듭지어 실을 정리합니다.

✕ 머리카락

06. 남색 재봉실을 8cm 길이의 두꺼운 종이에 감아 머리카락 숱만큼 준비하고 가운데를 묶어 줍니다. 같은 실로 고정합니다. ▶127쪽 나래 12~23을 참고하세요.

✕ 표정

07. 머리카락 타래를 정리해 헤어라인을 결정합니다. 핑크 컬러 실로 입을 수놓아 표정의 중심을 잡습니다. 진그레이 컬러 실로 눈을 수놓습니다.

× 앞머리

08. 눈 2단 위로 앞머리를 잘라 주세요.

× 머리카락 붙이기

TiP

앞머리는 목공용 풀로 고정하지 않습니다. 앞머리가 너무 많이 들리는 경우에만 목공용 풀로 붙여 주세요.

09. 목공용 풀로 머리카락을 붙입니다. 앞머리를 제외한 머리카락을 양 갈래로 나눈 다음 머리 앞쪽부터 시작해 뒤쪽 가운데 중심 부분까지 붙여 줍니다.

× 머리 커트

10. 가위로 원하는 길이만큼 잘라 다듬어 줍니다.

× 단추

11. 투명실로 구슬을 달아 단추를 표현합니다.

× 볼터치

12. 아이섀도로 볼터치를 해 주세요.

완성!

 단태

· PATTERN ·

✕ **몸통&다리** (다리는 2번 떠 주세요.)

1	(6)	원형뜨기로 ✕ · **6**, •
2	(12)	○, ✖ · **6**, •
3	(12)	○, ✕ · **12**, •
4~5	(12)	○, ✕ · **12**, •
6	(12)	○, ✕ · **12**, •

실을 자르고 정리한 후,
1~6단을 반복해 하나 더 뜨고 빼뜨기 후 사슬뜨기를 3번 뜹니다.

| 7 | (30) | 왼쪽 다리에 ✕ · **12**,   사슬뜨기에 ✕ · **3**, |

오른쪽 다리에 ✕ · **12**,   사슬뜨기에 ✕ · **3**,   •

33쪽 '사슬뜨기로 다리 연결하기'를 참고해 양쪽 다리를 연결해 주세요.

8~10	(30)	○, ✕ · **30**, •
11~16	(30)	○, ✕ · **30**, •
17	(24)	○, (✕ ✕ ✕ ✖) · **6**, •
18	(24)	○, ✕ · **24**, •

바느질을 위해 실을 40cm 정도 남깁니다.

✕ **팔** (2번 떠 주세요.)

1	(4)	원형뜨기로 ✕ · **4**, •
2	(8)	○, ✖ · **4**, •
3	(8)	○, ✕ · **8**, •
4~11	(8)	○, ✕ · **8**, •

4~11단까지 다크블루 컬러로 시작해 매 단마다 옐로 컬러, 다크블루 컬러 실을 바꿔 가며 떠 줍니다.
두 팔 중 하나는 실을 15cm 정도 남기고 나머지 하나는 바느질을 위해 실을 40cm 정도 남깁니다.

✕ 머리

1	(6)	원형뜨기로 ✕ · 6, •
2	(12)	○, ✢ · 6, •
3	(18)	○, (✕✢) · 6, •
4	(24)	○, (✕✕✢) · 6, •
5	(30)	○, (✕✕✕✢) · 6, •
6	(36)	○, (✕✕✕✕✢) · 6, •
7	(42)	○, (✕✕✕✕✕✢) · 6, •
8~15	(42)	○, ✕ · 42, •
16	(36)	○, (✕✕✕✕✿) · 6, •
17	(30)	○, (✕✕✕✿) · 6, •
18	(24)	○, (✕✕✕✿) · 6, •

실은 정리해 주세요.

✕ 표정

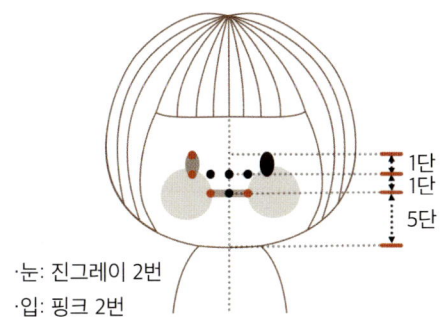

1단
1단
5단

·눈: 진그레이 2번
·입: 핑크 2번

오른쪽 눈을 먼저 수놓은 다음 대칭을 확인하면서 왼쪽 눈을 수놓습니다. 왼쪽 눈은 도안에서 표시된 것보다 한 칸 왼쪽에 수놓아도 좋아요.

✕ 팔 달기

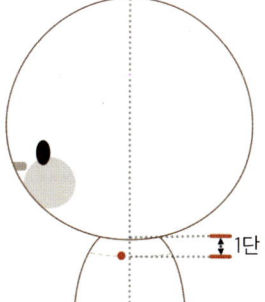

1단

몸통 위에서부터 1단 아래에 팔을 달아 주세요. 세로 중심선을 기준으로 조금 앞쪽에 달아 주는 것이 좋습니다.

✕ 머리&몸통&팔

01. 솜을 넣고 머리와 몸통을 연결해 주세요. 양쪽 팔에 솜을 반만 넣고 조여 줍니다. 실이 길게 남은 한쪽 팔을 이용해 몸통 위에서부터 1단 아래에 팔을 연결합니다.

✕ 머리카락

02. 남색 재봉실을 8cm 길이의 두꺼운 종이에 감아 머리카락 숱만큼 준비하고 가운데를 묶어 줍니다. 같은 실로 고정합니다. ▶127쪽 나래 12~23을 참고하세요.

✕ 표정

03. 머리카락 타래를 정리해 헤어라인을 결정합니다. 핑크 컬러 실로 입을 수놓아 표정의 중심을 잡습니다. 진그레이 컬러 실로 눈을 수놓습니다.

✕ 앞머리&머리카락 붙이기

TiP 앞머리는 목공용 풀로 고정하지 않습니다. 앞머리가 너무 많이 들리는 경우에만 목공용 풀로 붙여 주세요.

04. 눈 2단 위로 앞머리를 잘라 줍니다. 앞머리를 제외한 머리카락을 양 갈래로 나눈 다음 머리 앞쪽부터 시작해 뒤쪽 가운데 중심 부분까지 목공용 풀로 붙여 줍니다.

✕ 머리 커트

05. 남자 머리를 표현하기 위해 머리와 몸통을 연결한 부분 위로 머리카락을 잘라 줍니다. 가위를 세워 숱도 정리합니다.

✕ 단추&볼터치

06. 투명실로 구슬을 달아 단추를 표현하고, 볼터치를 합니다.

완성!

Bomi

Yeoreumi

Gaeuli

Gyeouli

사계절 귀여운

포시즌 걸

포시즌 걸은 화려한 사계절을 대표하는 아이들이에요.
머리 위 연둣빛 새싹이 싱그러운 봄이, 푸른 바다처럼 상큼하고 발랄한 여름이,
장난기가 가득한 말괄량이 가을이, 눈사람 만들기를 좋아하는 귀여운 겨울이까지.
계절을 느끼며 포시즌 걸을 뜨고 나면 일 년 내내 사랑스러운 아이들을 볼 수 있어요.

READY TO DO

봄이 BOMI

완성 크기 : 15.5cm
실 : 4.5mm 울사 - 스킨 ▭ , 연핑크 ▭ ,
머스터드 ▬ , 그린 ▬ , 핑크 ▬ ,
인디그린 ▬ , 청록 ▬ , 화이트 ▭
바늘 : 모사용 코바늘 5호, 돗바늘, 일반 바늘
부재료 : 투명실, 레이스

어름이 YEOREUMI

완성 크기 : 16cm
실 : 4.5mm 울사 - 스킨 ▭ , 핑크 ▬ ,
머스터드 ▬ , 청록 ▬ , 레드 ▬ ,
다크블루 ▬ , 화이트 ▭
바늘 : 모사용 코바늘 5호, 돗바늘

가을이 GAEULI

완성 크기 : 16cm
실 : 4.5mm 울사 - 스킨 ▭ , 화이트 ▭
머스터드 ▬ , 청록 ▬ , 진브라운 ▬
레드브라운 ▬ , 다홍 ▬
바늘 : 모사용 코바늘 5호, 돗바늘

겨울이 GYEOULI

완성 크기 : 17cm
실 : 4.5mm 울사 - 스킨 ▭ , 화이트 ▭ ,
머스터드 ▬ , 진그린 ▬ , 청록 ▬ ,
와인 ▬ , 진브라운 ▬ , 진그레이 ▬
바늘 : 모사용 코바늘 5호, 돗바늘

 # 봄이

• PATTERN •

╳ 몸통&다리 (다리는 2번 떠 주세요.)

1	(5)	원형뜨기로 ╳ · 5, •
2	(10)	○, ⋎ · 5, •
3	(10)	○, ╳ · 10, •
4~11	(10)	○, ╳ · 10, •

실을 자르고 정리한 후, 1~11단을 반복해 하나 더 뜹니다.

11단 마지막 코에서 연핑크 컬러 실로 배색하고 빼뜨기한 다음 사슬뜨기를 2번 뜹니다.

12	(24)	왼쪽 다리에 ╳ · 10, 사슬뜨기에 ╳ · 2,
		오른쪽 다리에 ╳ · 10, 사슬뜨기에 ╳ · 2, •

33쪽 '사슬뜨기로 다리 연결하기'를 참고해 양쪽 다리를 연결해 주세요.

13~18	(24)	○, ╳ · 24, •
19	(24)	○, ╳ · 24, •
20~21	(24)	○, ╳ · 24, •
22	(20)	○, (╳ ╳ ╳ ╳ ⋏) · 4, •

바느질을 위해 실을 40cm 정도 남깁니다.

╳ 치마

1	(28)	몸통을 거꾸로 들고 이랑뜨기 라인에 바늘을 넣어 기본코를 뜨고 시작합니다.
		○, (╳ ╳ ╳ ╳ ╳ ⋎) · 4, •
2~3	(28)	○, ╳ · 28, •
4	(32)	○, (╳ ╳ ╳ ╳ ╳ ╳ ⋎) · 4, •
5	(32)	○, ╳ · 32, •

남은 실은 정리하고, 처음에 실을 걸고 남은 실도 정리해 주세요.

✕ 머리

1	(6)	원형뜨기로 ✕ · 6, •
2	(12)	○, ✖ · 6, •
3	(18)	○, (✕ ✖) · 6, •
4	(24)	○, (✕ ✕ ✖) · 6, •
5	(30)	○, (✕ ✕ ✕ ✖) · 6, •
6	(36)	○, (✕ ✕ ✕ ✕ ✖) · 6, •
7	(42)	○, (✕ ✕ ✕ ✕ ✕ ✖) · 6, •
8~14	(42)	○, ✕ · 42, •
15	(36)	○, (✕ ✕ ✕ ✕ ✕ ✿) · 6, •
16	(30)	○, (✕ ✕ ✕ ✕ ✿) · 6, •
17	(24)	○, (✕ ✕ ✕ ✿) · 6, •
18	(20)	○, (✕ ✕ ✕ ✕ ✿) · 4, •

실은 정리해 주세요.

✕ 팔 (2번 떠 주세요.)

1	(4)	원형뜨기로 ✕ · 4, •
2	(8)	○, ✖ · 4, •
3	(8)	○, ✕ · 8, •
4	(8)	○, ✕ · 8, •
5~10	(8)	○, ✕ · 8, •

두 팔 중 하나는 실을 15cm 정도 남기고
나머지 하나는 바느질을 위해 실을 40cm
정도 남깁니다.

✕ 머리카락

1	(6)	원형뜨기로 ✕ · 6, •

안쪽 면을 사용하기 위해 1단의 빼뜨기에서부터 짧은 실을 숨기면서 뜹니다.

2	(12)	○, ✖ · 6, •
3	(18)	○, (✕ ✖) · 6, •
4	(24)	○, (✕ ✕ ✖) · 6, •
5	(30)	○, (✕ ✕ ✕ ✖) · 6, •
6	(36)	○, (✕ ✕ ✕ ✕ ✖) · 6, •
7	(42)	○, (✕ ✕ ✕ ✕ ✕ ✖) · 6, •
8~12	(42)	○, ✕ · 42, •

바느질을 위해 실을 40cm 정도 남깁니다.
숨기면서 뜬 짧은 실은 잡아당겨 바짝 잘라 정리합니다.

✕ **귀** (2번 떠 주세요.)

1 (5)   **원형뜨기로 ✕ · 5,   •**

안쪽 면을 사용하기 위해 1단의 빼뜨기에서부터 짧은 실을 숨기면서 뜹니다.

2 (5)   **ᴏ,   ✕ · 5,   •**

바느질을 위해 실을 30cm 정도 남깁니다.
숨기면서 뜬 짧은 실은 잡아당겨 바짝 잘라 정리합니다.

✕ **새싹**

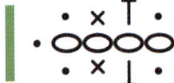

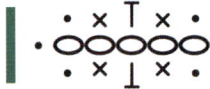

실을 20cm 정도 남기고 도안대로 뜬 다음 바느질을 위해
실을 30cm가량 남깁니다.

실을 20cm 정도 남기고 도안대로 뜬 다음 바느질을 위해
실을 30cm가량 남깁니다. (하단 TIP을 참고하세요.)

1. 실을 20cm 정도 남기고 사슬뜨기 4개
   를 뜬 다음 코산에 도안대로 떠 주세요.
2. 돗바늘을 이용해 처음 남긴 20cm 길이
   의 실을 편물 끝으로 보내 주세요.
3. 나머지 새싹도 같은 방법으로 떠 주세요.

✕ 표정 및 머리 수놓는 위치

새싹을 고정할
위치입니다.

3단
2단
1단
6단

·눈: 청록 2번, 화이트 1번
·입술: 핑크 1번

땋은 머리는 'HOW TO MAKE'에서 확인하세요.

✕ 귀 및 팔 달기

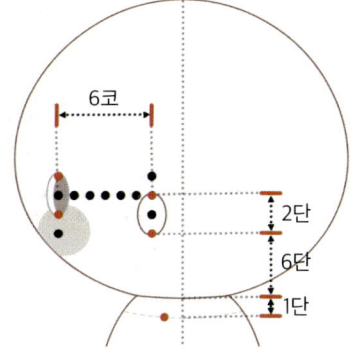

6코

2단
6단
1단

몸통 위에서부터 1단 아래에 팔을 달아 주세요. 세로 중심선을 기준으로 조금 앞쪽에 달아 주는 것이 좋습니다.

• HOW TO MAKE •

✕ 머리&몸통

01. 솜을 넣고 머리와 몸통을 연결합니다. 마무리하기 전 창구멍을 남기고 솜을 넣어 모양을 만드는 것도 잊지 마세요.

✕ 치마

02. 치마를 뜨고 남은 실은 정리하고 투명실로 레이스를 바느질해 치맛단에 붙입니다.

✕ 머리카락

03. 머리카락 편물의 안쪽 면을 겉으로 사용합니다. 시침핀으로 위치를 잡고 바느질해 고정합니다.

✕ 표정

04. 도안에서 위치를 확인하고 표정을 수놓습니다.

✕ 귀

05. 시침핀으로 위치를 표시한 다음 귀를 달아 줍니다.

✕ 앞머리&옆머리

06. 머스터드 컬러 실을 돗바늘에 걸고 매듭지어 줍니다. 머리카락을 연결한 부분 가운데로 돗바늘을 빼냅니다.

07. 실이 나온 위치로 바늘을 다시 넣고 3단 아래로 돗바늘을 빼냅니다. 이때 고리 안쪽으로 바늘을 빼 주세요.

08. 고리를 감싸면서 실이 나온 구멍으로 바늘을 넣어 고리를 고정합니다.

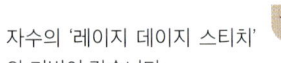
자수의 '레이지 데이지 스티치'와 기법이 같습니다. **TiP**

09. 도안을 참고해 앞머리를 양쪽에 3개씩 수놓아 주세요.

양 옆의 앞머리도 가운데에서부터 시작해야 예쁘게 표현됩니다. **TiP**

10. 나머지 앞머리도 도안대로 수놓고 귀의 앞뒤 빈 부분을 메우듯이 수놓아 줍니다. 귀가 있는 곳은 위아래를 나누어 수놓아 주세요.

11. 반대편도 동일하게 수놓아 완성합니다.

머리카락을 수놓을 때 머리와 몸통을 연결한 부분 1단 위에서 진행해 주세요. 연결 부위는 바늘이 지나다니기 힘듭니다. **TiP**

✕ 땋은 머리

12. 30cm 길이로 자른 머스터드 컬러 실 6가닥을 돗바늘에 걸어 귀 아래로 통과시킵니다. 양쪽으로 나뉜 실을 같은 길이로 정리합니다.

13. 4가닥씩 세 등분으로 나누어 머리를 땋고 화이트 컬러 실로 묶어 줍니다.

14. 머리카락의 끝을 잘라 완성합니다.

✕ 팔

15. 팔에 솜을 반만 넣고 조인 후 도안대로 팔을 달아 줍니다.

✕ 새싹

16. 새싹을 머리에 연결하기 전 새싹에 남은 실을 첫 번째 빼뜨기한 코에 보내고 끝부분을 정리합니다.

17. 머리 편물을 수놓은 가운데 부분에 새싹을 달아 주세요.

✕ 볼터치

18. 아이섀도로 볼터치를 합니다.

완성!

 # 여름이

• PATTERN •

✕ 몸통&다리 (다리는 2번 떠 주세요.)

1	(5)	원형뜨기로 ✕ · **5**, •
2	(10)	○, ✲ · **5**, •
3	(10)	○, ✕ · **10**, •
4~11	(10)	○, ✕ · **10**, •

실을 자르고 정리한 후, 1~11단을 반복해 하나 더 뜹니다.
11단 마지막 코에서 화이트 컬러 실로 배색하고 빼뜨기한 다음 사슬뜨기를 2번 뜹니다.

| 12 | (24) | 왼쪽 다리에 ✕ · **10**, 사슬뜨기에 ✕ · **2**, |
| | | 오른쪽 다리에 ✕ · **10**, 사슬뜨기에 ✕ · **2**, • |

33쪽 '사슬뜨기로 다리 연결하기'를 참고해 양쪽 다리를 연결해 주세요.

13~16	(24)	○, ✕ · **24**, •
17	(24)	○, ✕ · **24**, •
18~19	(24)	○, ✕ · **24**, •
20	(24)	○, ✕ · **24**, •
21	(24)	○, ✕ · **24**, •
22	(20)	○, (✕ ✕ ✕ ✕ ✲) · **4**, •

바느질을 위해 실을 40cm 정도 남깁니다.

✕ 치마

1	(36)	몸통을 거꾸로 들고 이랑뜨기 라인에 코바늘을 넣어 기본코를 뜨고 시작합니다.
		○, (✕ ✲) · **12**, •
2	(36)	○, ✕ · **36**, •
3	(36)	○, ✕ · **36**, •
4	(36)	○, ✕ · **36**, •
5	(36)	○, ✕ · **36**, •

남은 실은 정리하고, 처음에 실을 걸고 남은 실도 정리해 주세요.

✕ 머리

1	(6)	원형뜨기로 ✕ · 6, •
2	(12)	o, ⚇ · 6, •
3	(18)	o, (✕ ⚇) · 6, •
4	(24)	o, (✕ ✕ ⚇) · 6, •
5	(30)	o, (✕ ✕ ✕ ⚇) · 6, •
6	(36)	o, (✕ ✕ ✕ ✕ ⚇) · 6, •
7	(42)	o, (✕ ✕ ✕ ✕ ✕ ⚇) · 6, •
8~14	(42)	o, ✕ · 42, •
15	(36)	o, (✕ ✕ ✕ ✕ ✕ ⌃) · 6, •
16	(30)	o, (✕ ✕ ✕ ✕ ⌃) · 6, •
17	(24)	o, (✕ ✕ ✕ ⌃) · 6, •
18	(20)	o, (✕ ✕ ✕ ✕ ⌃) · 4, •

실은 정리해 주세요.

✕ 팔 (2번 떠 주세요.)

1	(4)	원형뜨기로 ✕ · 4, •
2	(8)	o, ⚇ · 4, •
3~10	(8)	o, ✕ · 8, •

두 팔 중 하나는 실을 15cm 정도 남기고 나머지 하나는 바느질을 위해 실을 40cm 정도 남깁니다.

✕ 귀 (2번 떠 주세요.)

1	(5)	원형뜨기로 ✕ · 5, •

안쪽 면을 사용하기 위해 1단의 빼뜨기에서부터 짧은 실을 숨기면서 뜹니다.

2	(5)	o, ✕ · 5, •

바느질을 위해 실을 30cm 정도 남깁니다.
숨기면서 뜬 짧은 실은 잡아당겨 바짝 잘라 정리합니다.

✕ 올림머리 (2번 떠 주세요.)

1	(5)	원형뜨기로 ✕ · 5, •

안쪽 면을 사용하기 위해 1단의 빼뜨기에서부터 짧은 실을 숨기면서 뜹니다.

2	(10)	o, ⚇ · 5, •
3	(15)	o, (✕ ⚇) · 5, •
4~5	(15)	o, ✕ · 15, •
6	(10)	o, (✕ ⌃) · 5, •

바느질을 위해 실을 30cm 정도 남깁니다.
숨기면서 뜬 짧은 실은 잡아당겨 바짝 잘라 정리합니다.

✕ 머리카락

1	(6)	원형뜨기로 ✕ · 6, •
		안쪽 면을 사용하기 위해 1단의 빼뜨기에서부터 짧은 실을 숨기면서 뜹니다.
2	(12)	○, ⚒ · 6, •
3	(18)	○, (✕ ⚒) · 6, •
4	(24)	○, (✕ ✕ ⚒) · 6, •
5	(30)	○, (✕ ✕ ✕ ⚒) · 6, •
6	(36)	○, (✕ ✕ ✕ ✕ ⚒) · 6, •
7	(42)	○, (✕ ✕ ✕ ✕ ✕ ⚒) · 6, •
8~12	(42)	○, ✕ · 42, •

바느질을 위해 실을 40cm 정도 남깁니다.
숨기면서 뜬 짧은 실은 잡아당겨 바짝 잘라 정리합니다.

✕ 표정 및 머리 수놓는 위치

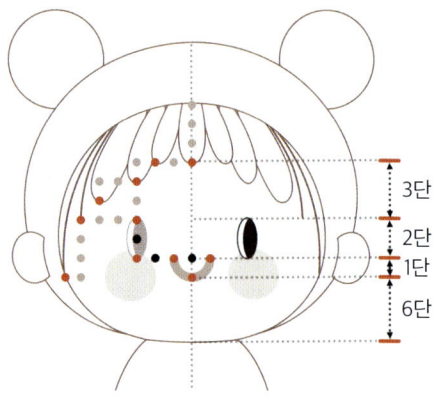

·눈: 청록 2번, 화이트 1번
·입술: 핑크 1번

올림머리는 'HOW TO MAKE'에서 확인하세요.

✕ 귀 및 팔 달기

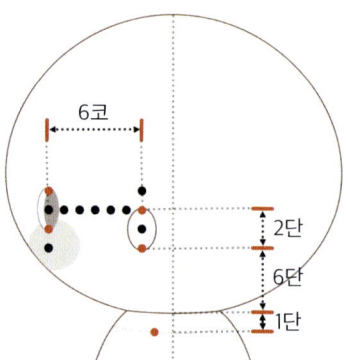

몸통 위에서부터 1단 아래에 팔을 달아 주세요. 세로 중심선을 기준으로 조금 앞쪽에 달아 주는 것이 좋습니다.

✕ 머리&몸통&치마

01. 솜을 넣고 머리와 몸통을 연결한 후 치마를 뜨고 남은 실을 정리합니다.

✕ 머리카락

02. 머리카락 편물의 안쪽 면을 겉면으로 사용합니다. 시침핀으로 위치를 잡고 바느질합니다.

✕ 표정&귀

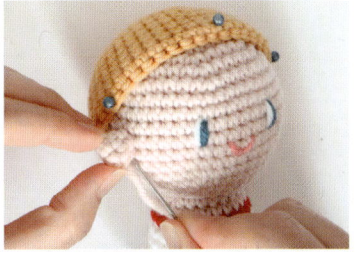

03. 도안에서 위치를 확인하고 표정을 수놓습니다. 양쪽 귀도 달아 주세요.

✕ 앞머리&옆머리

04. 도안을 참고해 앞머리, 옆머리 순으로 수놓습니다. ▶146쪽 봄이 06~11을 참고하세요.

✕ 올림머리

05. 편물의 안쪽 면을 겉으로 오게 하고 솜을 넣어 주세요. 시침핀으로 위치를 잡고 바느질합니다.

✕ 팔

06. 팔에 솜을 반만 넣고 조인 후 도안대로 팔을 달아 줍니다.

✕ 볼터치

07. 아이섀도로 볼터치를 합니다.

완성!

 # 가을이

• PATTERN •

✕ 몸통&다리 (다리는 2번 떠 주세요.)

1 (5)		원형뜨기로 ✕ · 5, •
2 (10)		○, ⋎ · 5, •
3 (10)		○, ✕ · 10, •
4~10 (10)		○, ✕ · 10, •

실을 자르고 정리한 후, 1~10단을 반복해 하나 더 뜹니다.
10단 마지막 코에서 빼뜨기한 다음 사슬뜨기를 2번 뜹니다.

11 (24)		왼쪽 다리에 ✕ · 10, 사슬뜨기에 ✕ · 2,
		오른쪽 다리에 ✕ · 10, 사슬뜨기에 ✕ · 2, •

33쪽 '사슬뜨기로 다리 연결하기'를 참고해 양쪽 다리를 연결해 주세요.

12~14 (24)		○, ✕ · 24, •
15 (24)		○, ✕ · 8, ⋏ · 6 (이랑뜨기 라인에 멜빵바지 윗부분을 뜰 거예요.)
		✕ · 10, •
16~21 (24)		○, ✕ · 24, •

16~21단까지 머스터드 컬러로 시작해 매 단마다
화이트 컬러, 머스터드 컬러 실을 바꿔 가며 떠 줍니다.

22 (20)		○, (✕ ✕ ✕ ✕ ⋏) · 4, •

바느질을 위해 실을 40cm 정도 남깁니다.

✕ 멜빵바지 윗부분

6단

몸통 앞부분의 이랑뜨기 라인입니다.

몸통의 앞부분 이랑뜨기 라인에 바늘을 넣어 기본코를 뜨고 시작합니다. 짧은뜨기를 6단 뜹니다.

✕ 멜빵

사슬뜨기 16번

멜빵바지 윗부분을 뜬 다음 이어서 한쪽 멜빵을 뜹니다. 다른쪽 멜빵은 새로운 실을 연결해 뜹니다. 여기서는 사슬뜨기를 16번 했습니다.

✕ 머리

1	(6)	**원형뜨기로** ✕ · **6**, •
2	(12)	○, ✕̌ · **6**, •
3	(18)	○, (✕ ✕̌) · **6**, •
4	(24)	○, (✕ ✕ ✕̌) · **6**, •
5	(30)	○, (✕ ✕ ✕ ✕̌) · **6**, •
6	(36)	○, (✕ ✕ ✕ ✕ ✕̌) · **6**, •
7	(42)	○, (✕ ✕ ✕ ✕ ✕ ✕̌) · **6**, •
8~14	(42)	○, ✕ · **42**, •
15	(36)	○, (✕ ✕ ✕ ✕ ✕ ⌃) · **6**, •
16	(30)	○, (✕ ✕ ✕ ✕ ⌃) · **6**, •
17	(24)	○, (✕ ✕ ✕ ⌃) · **6**, •
18	(20)	○, (✕ ✕ ✕ ✕ ⌃) · **4**, •

실은 정리해 주세요.

✕ 귀 (2번 떠 주세요.)

1	(5)	**원형뜨기로** ✕ · **5**, •

안쪽 면을 사용하기 위해 1단의 빼뜨기에서부터 짧은 실을 숨기면서 뜹니다.

2	(5)	○, ✕ · **5**, •

바느질을 위해 실을 30cm 정도 남깁니다.
숨기면서 뜬 짧은 실은 잡아당겨 바짝 잘라 정리합니다.

✕ 팔 (2번 떠 주세요.)

1	(4)	**원형뜨기로** ✕ · **4**, •
2	(8)	○, ✕̌ · **4**, •
3	(8)	○, ✕ · **8**, •
4~10	(8)	○, ✕ · **8**, •

4~10단까지 **머스터드 컬러로 시작해 매 단마다 화이트 컬러, 머스터드 컬러 실을 바꿔 가며 떠 줍니다.**
두 팔 중 하나는 실을 15cm 정도 남기고 나머지 하나는 바느질을 위해 실을 40cm 정도 남깁니다.

✕ 머리카락

1	(6)	원형뜨기로 ✕ · 6, •
		안쪽 면을 사용하기 위해 1단의 빼뜨기에서부터 짧은 실을 숨기면서 뜹니다.
2	(12)	o, ❤ · 6, •
3	(18)	o, (✕ ❤) · 6, •
4	(24)	o, (✕ ✕ ❤) · 6, •
5	(30)	o, (✕ ✕ ✕ ❤) · 6, •
6	(36)	o, (✕ ✕ ✕ ✕ ❤) · 6, •
7	(42)	o, (✕ ✕ ✕ ✕ ✕ ❤) · 6, •
8~12	(42)	o, ✕ · 42, •

바느질을 위해 실을 40cm 정도 남깁니다.
숨기면서 뜬 짧은 실은 잡아당겨 바짝 잘라 정리합니다.

✕ 표정 및 머리 수놓는 위치

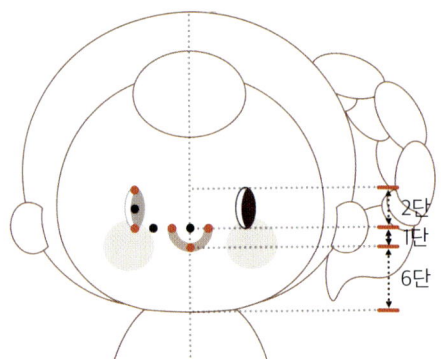

·눈: 청록 2번, 화이트 1번
·입술: 핑크 1번

✕ 귀 및 팔 달기

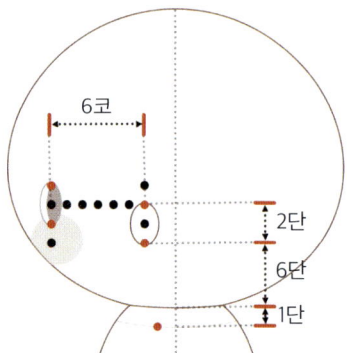

몸통 위에서부터 1단 아래에 팔을 달아 주세요. 세로 중심선을 기준으로 조금 앞쪽에 달아 주는 것이 좋습니다.

✕ 머리&몸통

01. 솜을 넣고 머리와 몸통을 연결한 후 남은 실을 정리합니다.

✕ 머리카락&표정&귀

02. 머리카락 편물의 안쪽 면을 겉으로 오게 합니다. 시침핀을 꽂아 위치를 잡고 바느질합니다. 도안을 참고해 표정을 수놓고 귀를 답니다.

✕ 앞머리&옆머리

03. 머리카락을 연결한 부분 가운데로 돗바늘을 빼냅니다.

04. 앞머리 길이만큼 고리를 만들고 처음 돗바늘을 빼낸 코로 바늘을 넣습니다.

05. 옆 코로 돗바늘을 빼낸 다음 고리의 끝 부분을 감싸면서 다시 한 번 바느질합니다.

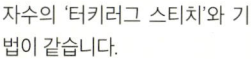

자수의 '터키러그 스티치'와 기법이 같습니다.

06. 위치를 바꿔 가며 03~05를 반복해 원하는 모양이 만들어질 때까지 앞머리를 수놓습니다.

07. 귀 앞쪽 머리카락을 수놓고 귀의 앞뒤 빈 부분을 메우듯이 수놓아 줍니다. 귀가 있는 곳은 위아래를 나누어 수놓아 주세요.

08. 반대편도 동일하게 수놓아 완성합니다.

╳ 꼰 머리

09. 30cm 길이로 자른 진브라운 컬러 실 10가닥을 돗바늘에 걸어 머리 옆쪽으로 통과시킵니다. 반으로 나누어 꼰 후 같은 실로 머리 끝을 묶어 줍니다. 머리 위쪽은 다홍 컬러 실로 묶어 주세요.

╳ 팔

10. 팔에 솜을 반만 넣고 조인 후 도안대로 팔을 달아 줍니다.

╳ 멜빵바지

11. 멜빵바지 윗부분을 도안대로 뜹니다.

12. 마지막 단을 뜨고 뜨던 실 그대로 사슬뜨기를 16번 뜹니다. 인형 크기에 맞춰 개수를 조절하세요.

13. 실을 20cm 정도 남기고 자른 다음 길게 빼냅니다.

14. 반대편 멜빵을 만들기 위해 멜빵바지 윗부분 가장자리에 코바늘을 넣습니다.

15. 실을 휘감아 멜빵바지 겉면으로 빼내 고리를 만듭니다.

16. 실을 다시 한 번 휘감아 고리 안으로 빼냅니다.

17. 남아 있는 긴 실과 짧은 실을 묶은 다음 짧은 실을 안쪽 면에 숨깁니다.

18. 12에서 뜬 사슬뜨기 개수와 동일하게 사슬뜨기를 뜹니다.

19. 실을 20cm 정도 남기고 자른 다음 길게 빼냅니다. 빼낸 실을 돗바늘에 걸어 X자로 고정해 주세요.

× 볼터치

20. 반대편 멜빵도 고정하고 남은 실은 정리합니다.

21. 아이섀도로 볼터치를 합니다.

완성!

 # 겨울이

• PATTERN •

✕ 몸통&다리 (다리는 2번 떠 주세요.)

1	(5)	원형뜨기로 ✕ · 5, •
2	(10)	○, ⅋ · 5, •
3	(10)	○, ✕ · 10, •
4~9	(10)	○, ✕ · 10, •

4~9단까지 머스터드 컬러로 시작해 매 단마다
진그린 컬러, 머스터드 컬러 실을 바꿔 가며 떠 줍니다.

10	(10)	○, ✕ · 10, •
11	(10)	○, ✕ · 10, •

실을 자르고 정리한 후, 1~11단을 반복해 하나 더 뜹니다.
11단 마지막 코에서 머스터드 컬러 실로 배색하고 빼뜨기한 다음 사슬뜨기를 2번 뜹니다.

12	(24)	왼쪽 다리에 ✕ · 10, 사슬뜨기에 ✕ · 2,
		오른쪽 다리에 ✕ · 10, 사슬뜨기에 ✕ · 2, •

33쪽 '사슬뜨기로 다리 연결하기'를 참고해 양쪽 다리를 연결해 주세요.

13	(24)	○, ✕ · 24, •
14	(24)	○, ✕ · 24, •
15~21	(24)	○, ✕ · 24, •
22	(20)	○, (✕ ✕ ✕ ✕ ⅋) · 4, •

바느질을 위해 실을 40cm 정도 남깁니다.

✕ 니트 단

1	(24)	몸통을 거꾸로 들고 이랑뜨기 라인에 바늘을 넣어 기본코를 뜨고 시작합니다.
		○ · 3, ⊤ · 24, •

남은 실은 정리하고, 처음에 실을 걸고 남은 실도 정리해 주세요.

✕ 머리

1	(6)	원형뜨기로 ✕ · **6**, •
2	(12)	ο, ☘ · **6**, •
3	(18)	ο, (✕ ☘) · **6**, •
4	(24)	ο, (✕ ✕ ☘) · **6**, •
5	(30)	ο, (✕ ✕ ✕ ☘) · **6**, •
6	(36)	ο, (✕ ✕ ✕ ✕ ☘) · **6**, •
7	(42)	ο, (✕ ✕ ✕ ✕ ✕ ☘) · **6**, •
8~14	(42)	ο, ✕ · **42**, •
15	(36)	ο, (✕ ✕ ✕ ✕ ✕ ⚇) · **6**, •
16	(30)	ο, (✕ ✕ ✕ ✕ ⚇) · **6**, •
17	(24)	ο, (✕ ✕ ✕ ⚇) · **6**, •
18	(20)	ο, (✕ ✕ ✕ ✕ ⚇) · **4**, •

실은 정리해 주세요.

✕ 귀 (2번 떠 주세요.)

1	(5)	원형뜨기로 ✕ · **5**, •

안쪽 면을 사용하기 위해 1단의 빼뜨기에서부터 짧은 실을 숨기면서 뜹니다.

2	(5)	ο, ✕ · **5**, •

바느질을 위해 실을 30cm 정도 남깁니다. 숨기면서 뜬 짧은 실은 잡아당겨 바짝 잘라 정리합니다.

✕ 팔 (2번 떠 주세요.)

1	(4)	원형뜨기로 ✕ · **4**, •
2	(8)	ο, ☘ · **4**, •
3~10	(8)	ο, ✕ · **8**, •

두 팔 중 하나는 실을 15cm 정도 남기고 나머지 하나는 바느질을 위해 실을 40cm 정도 남깁니다.

✕ 머리카락

1	(6)	원형뜨기로 ✕ · **6**, •

안쪽 면을 사용하기 위해 1단의 빼뜨기에서부터 짧은 실을 숨기면서 뜹니다.

2	(12)	ο, ☘ · **6**, •
3	(18)	ο, (✕ ☘) · **6**, •
4	(24)	ο, (✕ ✕ ☘) · **6**, •
5	(30)	ο, (✕ ✕ ✕ ☘) · **6**, •
6	(36)	ο, (✕ ✕ ✕ ✕ ☘) · **6**, •
7	(42)	ο, (✕ ✕ ✕ ✕ ✕ ☘) · **6**, •
8~12	(42)	ο, ✕ · **42**, •

바느질을 위해 실을 40cm 정도 남깁니다.
숨기면서 뜬 짧은 실은 잡아당겨 바짝 잘라 정리합니다.

╳ 모자

1	(6)	원형뜨기로 ╳ · 6, •
2	(9)	○, (╳ ⊗) · 3, •
3	(12)	○, (╳ ╳ ⊗) · 3, •
4	(15)	○, (╳ ╳ ╳ ⊗) · 3, •
5	(18)	○, (╳ ╳ ╳ ╳ ⊗) · 3, •
6	(21)	○, (╳ ╳ ╳ ╳ ╳ ⊗) · 3, •
7	(24)	○, (╳ ╳ ╳ ╳ ╳ ╳ ⊗) · 3, •
8	(30)	○, (╳ ╳ ╳ ⊗) · 6, •
9	(36)	○, (╳ ╳ ╳ ╳ ⊗) · 6, •
10	(42)	○, (╳ ╳ ╳ ╳ ╳ ⊗) · 6, •
11	(42)	○, ╳ · 42, •
12	(42)	○, ╳ · 42, •
13	(42)	○, ╳ · 42, •
14	(42)	○, ╳ · 42, •
15	(42)	○, ╳ · 8, ⊤⊤⊤⊤, ╳ · 18, ⊤⊤⊤⊤, ╳ · 8, •
16	(42)	○, ╳ · 8, ⊤⊤⊤⊤, ╳ · 18, ⊤⊤⊤⊤, ╳ · 8, •

실은 정리해 주세요.

╳ 목도리

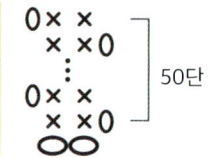

50단

머스터드 컬러 실로 사슬뜨기를 2번 뜨고 도안대로 짧은뜨기를 돌려 가며 반복해 뜹니다. 여기서는 50단까지 떴습니다.

╳ 표정 및 머리 수놓는 위치

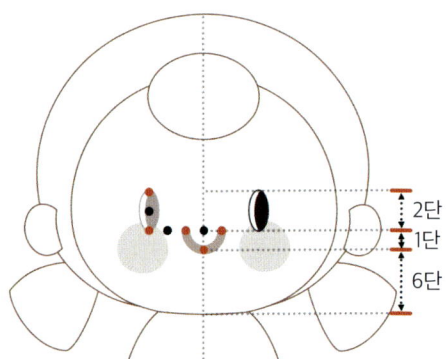

2단
1단
6단

·눈: 청록 2번, 화이트 1번
·입술: 핑크 1번

╳ 귀 및 팔 달기

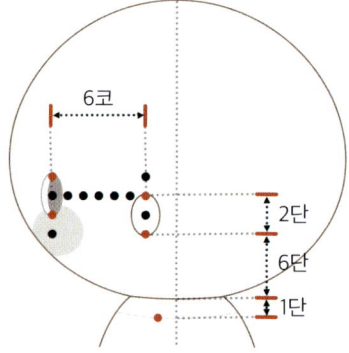

6코

2단
6단
1단

몸통 위에서부터 1단 아래에 팔을 달아 주세요. 세로 중심선을 기준으로 조금 앞쪽에 달아 주는 것이 좋습니다.

✕ 머리&몸통&니트 단

01. 솜을 넣고 머리와 몸통을 연결한 후 니트 단을 뜨고 남은 실을 정리합니다.

✕ 머리카락

02. 머리카락 편물의 안쪽 면을 겉으로 오게 합니다. 시침핀을 꽂아 위치를 잡고 바느질합니다.

✕ 표정&귀

03. 도안에서 위치를 확인하고 표정을 수놓습니다. 양쪽 귀도 달아 주세요.

✕ 앞머리&옆머리

04. 도안을 참고해 앞머리, 옆머리 순으로 수놓습니다. ▶155쪽 가을이 03~08을 참고하세요.

✕ 묶은 머리

05. 12cm 길이로 자른 진브라운 컬러 실 20가닥을 10가닥씩 나누고 돗바늘에 걸어 한쪽 귀 아래로 통과시킵니다. 와인 컬러 실로 리본을 묶어 양 갈래 머리를 표현하고 끝을 잘라 완성합니다.

✕ 팔

06. 팔에 솜을 반만 넣고 조인 후 도안대로 팔을 달아 줍니다.

✕ 볼터치

07. 아이섀도로 볼터치를 합니다.

✕ 모자&목도리

08. 폼폼을 만든 다음 돗바늘에 실을 걸어 모자에 연결합니다. 모자를 씌우고 목도리를 둘러 주세요.

완성!

Part 4

+ CROCHET DOLLS +

아기자기 소품 만들기

반지 케이스 덮개

리틀 프린세스

반짝이는 머리띠를 두르고 화사한 치마를 입은 리틀 프린세스예요.

반지 케이스에 먼지가 쌓이지 않도록 도와준답니다.

시선이 머무는 곳에 올려만 두어도 예쁜 인테리어 소품이 될 거예요.

── (READY TO DO) ──

리틀 프린세스 LITTLE PRINCESS

완성 크기 : 10cm

실 : 4.5mm 울사 - 스킨 ▭ , 옐로 ▬ , 민트 ▬ ,
 화이트 ▭ , 아쿠아블루 ▬ , 핑크 ▬
 반짝이는 흰색 수세미 실

바늘 : 모사용 코바늘 5호, 돗바늘

부재료 : 목공용 풀, 망사 코르사주

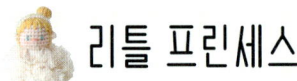

리틀 프린세스

LITTLE PRINCESS

• PATTERN •

리틀 프린세스 두 아이는 도안이 같습니다. 머리의 실 컬러가 다르니 실만 바꿔 뜨세요. 책에서는 노란 머리 리틀 프린세스를 떠 볼게요.

× 머리

1	(6)	**원형뜨기로 × · 6,** •
2	(12)	○, ∨ · 6, •
3	(18)	○, (× ∨) · 6, •
4	(24)	○, (× × ∨) · 6, •
5	(30)	○, (× × × ∨) · 6, •
6~10	(30)	○, × · 30, •
11	(24)	○, (× × × ∧) · 6, •
12	(18)	○, (× × ∧) · 6, •

실은 정리해 주세요.

× 몸통

1	(6)	**원형뜨기로 × · 6,** •
2	(12)	○, ∨ · 6, •
3	(18)	○, (× ∨) · 6, •
4~6	(18)	○, × · 18 •

바느질을 위해 실을 40cm 정도 남깁니다.

× 귀 (2번 떠 주세요.)

1	(5)	**원형뜨기로 × · 5,** •

안쪽 면을 사용하기 위해 짧은 실을 겉면으로 옮긴 다음 빼뜨기해 주세요.
바느질을 위해 실을 25cm 정도 남깁니다.

× 팔 (2번 떠 주세요.)

1	(5)	**원형뜨기로 × · 5,** •
2~4	(5)	○, × · 5, •

두 팔 중 하나는 실을 15cm 정도 남기고 나머지 하나는 바느질을 위해 실을 30cm 정도 남깁니다.

✕ 머리카락

1	(6)		**원형뜨기로 ✕ · 6,** •

안쪽 면을 사용하기 위해 1단의 빼뜨기에서부터 짧은 실을 숨기면서 뜹니다.

2	(12)	○, ❤ · 6, •
3	(18)	○, (✕ ❤) · 6, •
4	(24)	○, (✕ ✕ ❤) · 6, •
5	(30)	○, (✕ ✕ ✕ ❤) · 6, •
6~9	(30)	○, ✕ · 30, •

바느질을 위해 실을 40cm 정도 남깁니다. 숨기면서 뜬 짧은 실은 잡아당겨 바짝 잘라 정리합니다.

✕ 올림머리

1	(6)		**원형뜨기로 ✕ · 6,** •

안쪽 면을 사용하기 위해 1단의 빼뜨기에서부터 짧은 실을 숨기면서 뜹니다.

2	(12)	○, ❤ · 6, •
3~4	(12)	○, ✕ · 12, •

바느질을 위해 실을 40cm 정도 남깁니다. 숨기면서 뜬 짧은 실은 잡아당겨 바짝 잘라 정리합니다.

✕ 머리띠

사슬뜨기 11번

흰색 수세미 실을 20cm 정도 남기고 인형의 크기에 맞춰 사슬뜨기를 뜹니다. 여기서는 사슬뜨기를 11번 했습니다. 바느질을 위해 실을 30cm 정도 남깁니다.

✕ 표정

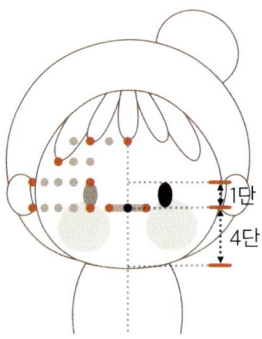

·눈: 아쿠아블루 1번
·입: 핑크 1번

✕ 팔 달기

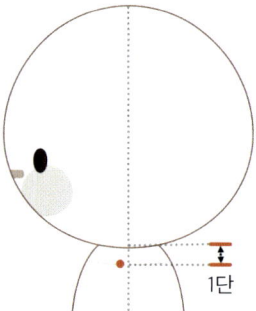

몸통 위에서부터 1단 아래에 팔을 달아 주세요. 세로 중
심선을 기준으로 조금 앞쪽에 달아 주는 것이 좋습니다.

╳ 머리&몸통&머리카락

01. 솜을 넣고 머리와 몸통을 연결합니다. 머리카락 편물의 안쪽 면을 겉면으로 사용합니다. 시침핀을 꽂아 머리카락 위치를 잡고 바느질합니다.

╳ 표정&귀

02. 도안에서 위치를 확인하고 표정을 수놓습니다. 양쪽 귀도 달아 주세요.

╳ 앞머리&옆머리

03. 도안을 참고해 앞머리와 옆머리를 수놓습니다. 옆머리를 수놓을 때 귀가 있는 곳은 위아래를 나누어 수놓아 주세요. ▶146쪽 봄이 06~11을 참고하세요.

╳ 올림머리

04. 편물의 안쪽 면을 겉으로 오게 하고 솜을 넣어 줍니다. 시침핀으로 위치를 잡고 바느질합니다.

╳ 머리띠

05. 머리띠 양쪽에 남은 실을 사용해 머리에 고정합니다.

╳ 팔

06. 팔에 솜을 넣지 않고 조인 후 도안대로 팔을 달아 줍니다.

╳ 볼터치

07. 아이섀도로 볼터치를 합니다.

╳ 코르사주

08. 몸통에 목공용 풀로 망사 코르사주를 붙여 줍니다.

완성!

Bunny Bunny

Ram Ram

Duck Duck

동물 브로치

바니바니 램램 덕덕

토끼 바니바니, 양 램램, 오리 덕덕으로 구성된 동글납작
포근포근 동물 브로치예요. 세 마리 모두 완성해 가방이나 옷에 달아 주세요.
밋밋한 소품에 귀여운 포인트를 줄 수 있답니다.

─────── READY TO DO ───────

바니바니 BUNNY BUNNY
완성 크기 : 6cm
실 : 3.5mm 울사
바이올렛 ▨ , 화이트 ▭ , 에메랄드 ▨ ,
다크바이올렛 ▨ , 피치 ▨
바늘 : 모사용 코바늘 3호, 돗바늘, 일반 바늘
부재료 : 퀼팅실, 브로치 핀

램램 RAM RAM
완성 크기 : 4cm
실 : 3.5mm 울사
화이트 ▭ , 피치 ▨ , 다크브라운 ▨ ,
오렌지브라운 ▨
바늘 : 모사용 코바늘 3호, 돗바늘, 일반 바늘
부재료 : 퀼팅실, 브로치 핀

덕덕 DUCK DUCK
완성 크기 : 3.5cm
실 : 3.5mm 울사
옐로 ▨ , 오렌지 ▨ , 와인 ▨ , 그린 ▨
바늘 : 모사용 코바늘 3호, 돗바늘, 일반 바늘
부재료 : 퀼팅실, 브로치 핀

 바니바니

• PATTERN •

✕ 머리

0 (4)	**사슬뜨기로** ◯ · **4,** ○
1 (10)	한쪽 면은 코산을 뜨고 반대편은 나머지 코를 뜹니다.
2 (16)	
3 (20)	
4 (24)	
5~9 (24)	
10 (20)	
11 (16)	
12 (10)	

바느질을 위해 실을 30cm 정도 남깁니다.

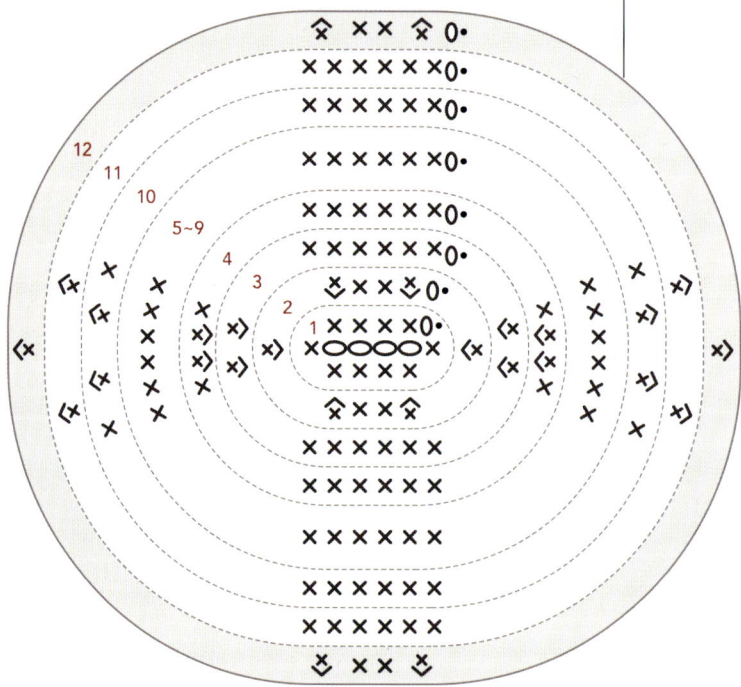

✕ 주둥이

1	(5)	⬚	**원형뜨기로 ✕ · 5,** •

안쪽 면을 사용하기 위해 짧은 실을 겉면으로 옮긴 다음 빼뜨기해 주세요.
바느질을 위해 실을 30cm 정도 남깁니다.

✕ 귀 (2번 떠 주세요.)

1	(5)	**원형뜨기로 ✕ · 5,** •
2	(10)	○, ❖ · 5, •
3~7	(10)	○, ✕ · 10, •

바느질을 위해 실을 30cm 정도 남깁니다.

✕ 표정 및 귀 달기

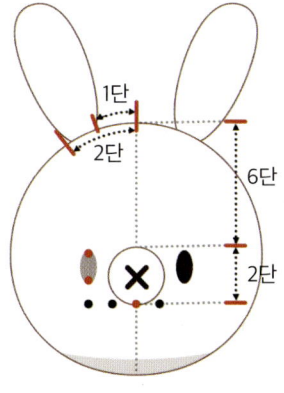

1단
2단
6단
2단

·눈: 다크바이올렛 2번
·입: 피치 1번

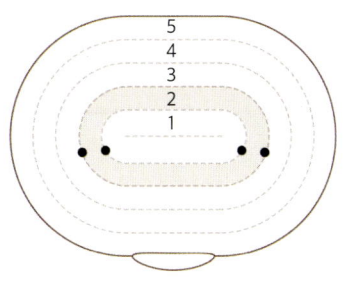

5
4
3
2
1

위에서 본 귀 시작 위치

✕ 머리

01. 솜을 넣고 열린 부분을 납작하게 누른 다음 코의 머리를 갈라 겉과 겉을 감침질합니다.

✕ 주둥이

02. 편물의 안쪽 면을 겉면으로 사용합니다. 위에서부터 8단에 주둥이 아랫부분을 둡니다. 시침핀으로 고정한 뒤 바느질합니다. ▶66쪽 보니 12~14를 참고하세요.

✕ 표정

03. 피치 컬러 실을 반으로 갈라 얇게 만든 후 돗바늘에 걸어 주세요. 주둥이에 X자로 수놓고 도안대로 눈도 수놓습니다.

✕ 귀

04. 위에서부터 1단, 2단에 시침핀으로 위치를 표시하고 바느질해 달아 주세요. ▶67쪽 보니 19~23을 참고하세요.

✕ 볼터치

05. 아이섀도로 볼터치를 합니다.

✕ 브로치 핀

06. 머리 뒷부분에 브로치 핀을 바느질해 고정합니다.

완성!

 **램램**

✕ 머리

0	(4)
1	(10)
2	(16)
3	(20)
4	(24)
5~9	(24)
10	(20)
11	(16)
12	(10)

사슬뜨기로 ⬭ · 4, ⬭

한쪽 면은 코산을 뜨고 반대편은 나머지 코를 뜹니다.

바느질을 위해 실을 30cm 정도 남깁니다.

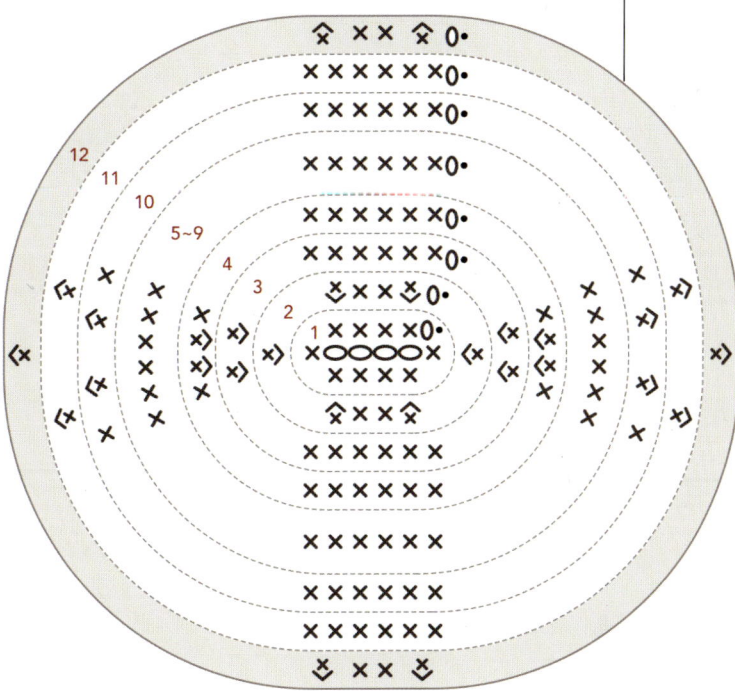

✕ 주둥이

1 （5） ▯ **원형뜨기로 ✕ · 5,** •

안쪽 면을 사용하기 위해 짧은 실을 겉면으로 옮긴 다음 빼뜨기해 주세요.
바느질을 위해 실을 30cm 정도 남깁니다.

✕ 귀 (2번 떠 주세요.)

1 （6） **원형뜨기로 ✕ · 6,** •

안쪽 면이 노출되므로 1단의 빼뜨기에서부터 짧은 실을 숨기면서 뜹니다.

2 （12） **ᴏ, ⩔ · 6,** •

바느질을 위해 실을 30cm 정도 남깁니다. 숨기면서 뜬 짧은 실은 잡아당겨 바짝 잘라 정리합니다.

✕ 양머리

▯ 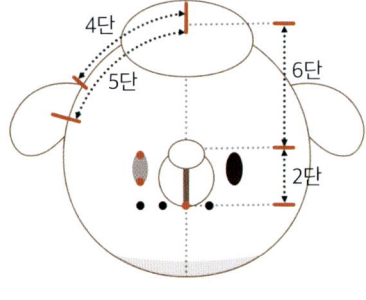 ✕ 6

화이트 컬러 실을 20cm 정도 남기고 시작합니다.
사슬뜨기를 4번 뜬 다음 첫 번째 사슬코에 빼뜨기하는 과정을 6번 반복합니다.
바느질을 위해 실을 20cm 정도 남기세요.

✕ 표정 및 귀 달기

·눈: 다크브라운 2번

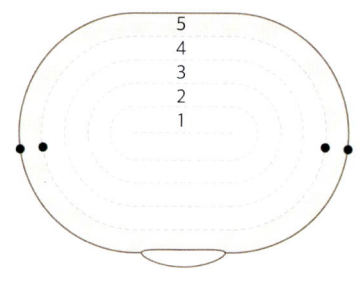

위에서 본 귀 시작 위치

╳ 머리

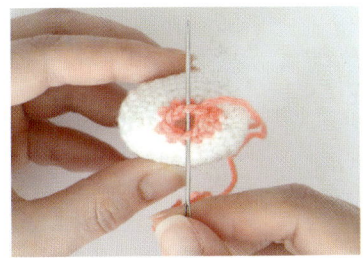

01. 솜을 넣고 열린 부분을 납작하게 누른 다음 코의 머리를 갈라 겉과 겉을 감침질합니다.

╳ 주둥이

02. 편물의 안쪽 면을 겉면으로 사용합니다. 위에서부터 8단에 주둥이 아랫부분을 둡니다. 시침핀으로 고정한 뒤 바느질합니다. ▶66쪽 보니 12~14를 참고하세요.

╳ 코

03. 오렌지브라운 컬러 실을 가로로 수놓고 마무리합니다. 같은 컬러 실을 반으로 갈라 얇게 만든 후 주둥이의 갈라진 부분을 표현합니다. ▶48쪽 저스틴 15~23을 참고하세요.

╳ 눈

04. 도안에서 위치를 확인하고 눈을 수놓습니다.

╳ 귀

05. 귀를 반으로 접어 첫 코와 마지막 코를 맞닿게 연결한 후 위에서부터 5단에 연결합니다. ▶57쪽 스눕 02~07을 참고하세요.

╳ 양머리

06. 양머리 편물 안쪽 끝에 남은 실을 돗바늘에 걸어 조인 후 머리에 바느질합니다.

╳ 볼터치

07. 아이섀도로 볼터치를 합니다.

╳ 브로치

08. 머리 뒷부분에 브로치 핀을 바느질해 고정합니다.

완성!

 덕덕

• PATTERN •

✕ 머리

0	(4)
1	(10)
2	(16)
3	(20)
4	(24)
5~9	(24)
10	(20)
11	(16)
12	(10)

사슬뜨기로 ⬭ · 4, ○

한쪽 면은 코산을 뜨고 반대편은 나머지 코를 뜹니다.

바느질을 위해 실을 30cm 정도 남깁니다.

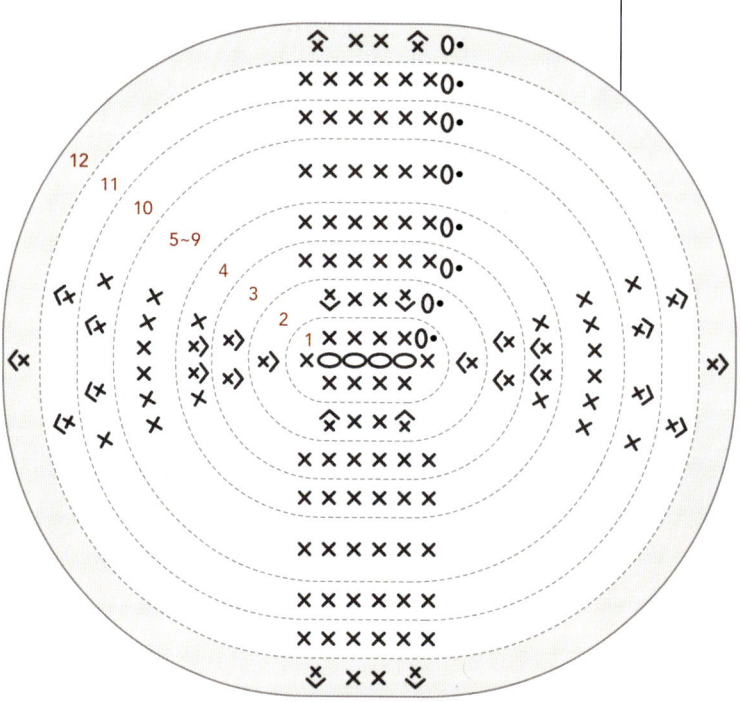

✕ 부리

1 (6) **원형뜨기로 ✕ · 6,** •

안쪽 면을 사용하기 위해 짧은 실을
겉면으로 옮긴 다음 빼뜨기해 주세요.
바느질을 위해 실을 30cm 정도 남깁니다.

✕ 표정

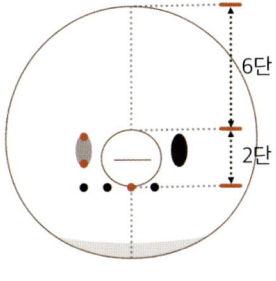

6단

2단

·눈: 와인 2번

• HOW TO MAKE •

✕ 머리

01. 솜을 넣고 열린 부분을 납작하게
누른 다음 코의 머리를 갈라 겉과 겉을
감침질합니다.

✕ 부리

02. 편물의 안쪽 면을 겉면으로 사용
합니다. 위에서부터 8단에 부리 아랫부
분을 둡니다. 시침핀으로 고정한 뒤 바
느질합니다. ▶66쪽 보니 12~14를 참
고하세요.

✕ 눈

03. 도안에서 위치를 확인하고 눈을
수놓습니다.

✕ 볼터치

04. 아이섀도로 볼터치를 합니다.

✕ 브로치

05. 머리 뒷부분에 브로치 핀을 바느
질해 고정합니다.

완성!

179

Big Mountain

Middle Mountain

Small Mountain

인테리어 소품 1.

리틀 리틀 마운틴

세 가지 색, 세 가지 크기로 만들 수 있는 리틀 리틀 마운틴이에요.

리틀 리틀 마운틴을 여러 개 만들어 직접 뜬 코바늘 인형과 함께 사진을 찍어 보세요.

인형의 인생 사진을 얻을 수 있답니다.

인테리어 소품으로도 손색이 없는 리틀 리틀 마운틴을 만들어 보아요.

READY TO DO

큰 마운틴 BIG MOUNTAIN

완성 크기 : 7cm

실 : 4.5mm 울사 - 그린

바늘 : 모사용 코바늘 5호, 돗바늘

중간 마운틴 MIDDLE MOUNTAIN

완성 크기 : 5.5cm

실 : 4.5mm 울사 - 인디그린

바늘 : 모사용 코바늘 5호, 돗바늘

작은 마운틴 SMALL MOUNTAIN

완성 크기 : 4.5cm

실 : 4.5mm 울사 - 옐로그린

바늘 : 모사용 코바늘 5호, 돗바늘

 # 리틀 리틀 마운틴

• PATTERN •

✕ 큰 마운틴

왼쪽 부분

1	(6)	원형뜨기로 ✕ · 6, •
2	(9)	○, (✕ ⬙) · 3, •
3	(12)	○, (✕ ✕ ⬙) · 3, •
4	(15)	○, (✕ ✕ ✕ ⬙) · 3, •
5	(18)	○, (✕ ✕ ✕ ✕ ⬙) · 3, •
6	(21)	○, (✕ ✕ ✕ ✕ ✕ ⬙) · 3, •

실은 정리해 주세요.

중간 부분

1	(6)	원형뜨기로 ✕ · 6, •
2	(9)	○, (✕ ⬙) · 3, •
3	(12)	○, (✕ ✕ ⬙) · 3, •
4	(15)	○, (✕ ✕ ✕ ⬙) · 3, •
5	(18)	○, (✕ ✕ ✕ ✕ ⬙) · 3, •
6	(21)	○, (✕ ✕ ✕ ✕ ✕ ⬙) · 3, •
7	(24)	○, (✕ ✕ ✕ ✕ ✕ ✕ ⬙) · 3, •
8	(27)	○, (✕ ✕ ✕ ✕ ✕ ✕ ✕ ⬙) · 3, •
9	(30)	○, (✕ ✕ ✕ ✕ ✕ ✕ ✕ ✕ ⬙) · 3, •
10	(33)	○, (✕ ✕ ✕ ✕ ✕ ✕ ✕ ✕ ✕ ⬙) · 3, •

실은 정리해 주세요.

오른쪽 부분

1	(6)	원형뜨기로 ✕ · **6**, •
2	(9)	○, (✕ ❤) · **3**, •
3	(12)	○, (✕ ✕ ❤) · **3**, •
4	(15)	○, (✕ ✕ ✕ ❤) · **3**, •

실은 코바늘에 연결한 채 그대로 둡니다.

세 부분 연결

1	(69)	✕ · **16** (중간 부분의 절반) , ✕ · **21** (왼쪽 부분을 한 바퀴) , ✕ · **17** (중간 부분의 나머지) , ✕ · **15** (오른쪽 부분을 한 바퀴) , •
2	(71)	○, ✕ · **26**, ❤, ✕ · **34**, ❤, ✕ · **7**, •
3	(73)	○, ✕ · **27**, ❤, ✕ · **35**, ❤, ✕ · **7**, •
4	(75)	○, ✕ · **28**, ❤, ✕ · **36**, ❤, ✕ · **7**, •
5~7	(75)	○, ✕ · **75**, •
8	(75)	○, ✕ · **75**, •
9	(67)	○, ✕ · **24**, ✖ · **4**, ✕ · **30**, ✖ · **4**, ✕ · **5**, •
10	(61)	○, ✕ · **23**, ✖ · **3**, ✕ · **28**, ✖ · **3**, ✕ · **4**, •

바느질을 위해 실을 40cm 정도 남깁니다.

TIP

1. 마운틴의 뾰족한 세 부분을 뜨고 연결 부위와 순서를 확인합니다.
2. 중간 부분 마지막 단 첫 번째 코에서부터 전체 단의 절반인 16코까지 뜹니다.
3. 왼쪽 부분 마지막 단 첫 번째 코에서부터 한 바퀴를 돌려 짧은뜨기를 21번 뜹니다.
4. 16코까지 뜬 중간 부분 바로 옆 코에서부터 시작해 나머지 17코를 떠 줍니다.
5. 오른쪽 부분 마지막 단 첫 번째 코에서부터 한 바퀴를 돌려 짧은뜨기를 15번 하고 첫 코를 찾아 빼뜨기합니다.
6. 이후 도안대로 뜹니다.

✕ 중간 마운틴

왼쪽 부분

1	(6)	**원형뜨기로 ✕ · 6,** •
2	(9)	○, (✕ ⌄) · 3, •
3	(12)	○, (✕ ✕ ⌄) · 3, •

실은 정리해 주세요.

중간 부분

1	(6)	**원형뜨기로 ✕ · 6,** •
2	(9)	○, (✕ ⌄) · 3, •
3	(12)	○, (✕ ✕ ⌄) · 3, •
4	(15)	○, (✕ ✕ ✕ ⌄) · 3, •
5	(18)	○, (✕ ✕ ✕ ✕ ⌄) · 3, •
6	(21)	○, (✕ ✕ ✕ ✕ ✕ ⌄) · 3, •
7	(24)	○, (✕ ✕ ✕ ✕ ✕ ✕ ⌄) · 3, •

실은 정리해 주세요.

오른쪽 부분

1	(6)	**원형뜨기로 ✕ · 6,** •
2	(9)	○, (✕ ⌄) · 3, •
3	(12)	○, (✕ ✕ ⌄) · 3, •
4	(15)	○, (✕ ✕ ✕ ⌄) · 3, •
5	(18)	○, (✕ ✕ ✕ ✕ ⌄) · 3, •

실은 코바늘에 연결한 채 그대로 둡니다.

세 부분 연결

1 (54) ✕ · **12** (중간 부분의 절반) , ✕ · **12** (왼쪽 부분을 한 바퀴) ,

✕ · **12** (중간 부분의 나머지) , ✕ · **18** (오른쪽 부분을 한 바퀴) , •

2 (56) ○, ✕ · **17**, ⬙, ✕ · **27**, ⬙, ✕ · **8**, •

3 (58) ○, ✕ · **18**, ⬙, ✕ · **28**, ⬙, ✕ · **8**, •

4~6 (58) ○, ✕ · **58**, •

7 (50) ○, ✕ · **16**, ⬘ · **4**, ✕ · **21**, ⬘ · **4**, ✕ · **5**, •

8 (44) ○, ✕ · **14**, ⬘ · **3**, ✕ · **20**, ⬘ · **3**, ✕ · **4**, •

바느질을 위해 실을 40cm 정도 남깁니다.

✕ 작은 마운틴

왼쪽 부분

1 (6) **원형뜨기로** ✕ · **6**, •

2 (9) ○, (✕ ⬙) · **3**, •

실은 정리해 주세요.

중간 부분

1 (6) **원형뜨기로** ✕ · **6**, •

2 (9) ○, (✕ ⬙) · **3**, •

3 (12) ○, (✕ ✕ ⬙) · **3**, •

4 (15) ○, (✕ ✕ ✕ ⬙) · **3**, •

5 (18) ○, (✕ ✕ ✕ ✕ ⬙) · **3**, •

6 (21) ○, (✕ ✕ ✕ ✕ ✕ ⬙) · **3**, •

실은 정리해 주세요.

오른쪽 부분

1 (6)   원형뜨기로 ✕ · **6**,   •

2 (9)   ○, (✕ ☒) · **3**,   •

3 (12)   ○, (✕ ✕ ☒) · **3**,   •

4 (15)   ○, (✕ ✕ ✕ ☒) · **3**,   •

실은 코바늘에 연결한 채 그대로 둡니다.

세 부분 연결

1 (45)   ✕ · **10** (중간 부분의 절반),   ✕ · **9** (왼쪽 부분을 한 바퀴),

           ✕ · **11** (중간 부분의 나머지),   ✕ · **15** (오른쪽 부분을 한 바퀴),   •

2 (47)   ○,   ✕ · **14**,   ☒,   ✕ · **22**,   ☒,   ✕ · **7**,   •

3 (49)   ○,   ✕ · **15**,   ☒,   ✕ · **23**,   ☒,   ✕ · **7**,   •

4 (51)   ○,   ✕ · **16**,   ☒,   ✕ · **24**,   ☒,   ✕ · **7**,   •

5 (51)   ○,   ✕ · **51**,   •

6 (43)   ○,   ✕ · **12**,   ☆ · **4**,   ✕ · **18**,   ☆ · **4**,   ✕ · **5**,   •

바느질을 위해 실을 40cm 정도 남깁니다.

01. 바느질을 위해 남긴 실에 돗바늘을 겁니다. 중간에서 끝난 실을 끝으로 옮기기 위해 첫 번째 코 안쪽으로 돗바늘을 집어넣습니다.

02. 끝으로 바늘을 옮겨 줍니다.

03. 마지막 단 코의 머리 안쪽 부분을 순서대로 바느질합니다.

04. 틈틈이 솜을 넣으면서 바느질해 주세요.

05. 솜을 넣고 모양을 잡으면서 끝까지 바느질합니다. 남은 실로 바닥 면을 평평하게 만들어 주세요.

06. 바닥 면을 평평하게 만들면서 산맥 사이 구멍도 바느질해 메웁니다.

07. 나머지 리틀 리틀 마운틴도 동일한 방법으로 바느질해 주세요.

완성!

Cactus 2

Cactus 1

Cactus 3

인테리어 소품 2.

첫 번째 선인장

가시 돋힌 선인장만 알고 있나요? 여기 코바늘로 만들어 보들보들한 선인장도 있어요.
하얀 육각 화분에 심은 보드라운 선인장은 어디에나 어울리는 만능 인테리어 소품입니다.
한 땀, 한 땀 함께 떠 보아요.

─────(READY TO DO)─────

흙 SOIL

실 : 4.5mm 울사 - 연그레이 ▨▨
바늘 : 모사용 코바늘 5호, 돗바늘
부재료 : 가로 7cm, 세로 6cm 크기의
화이트 육각화분

선인장 1 CACTUS 1

완성 크기 : 12.5cm
실 : 3.5mm 울사 - 옐로그린 ▨▨ ,
인디그린 ▨▨ , 연레몬 ▨▨ ,
바늘 : 모사용 코바늘 3호, 돗바늘

선인장 2 CACTUS 2

완성 크기 : 10cm
실 : 3.5mm 울사 - 인디스카이 ▨▨ ,
화이트 ▨▨
바늘 : 모사용 코바늘 3호, 돗바늘

선인장 3 CACTUS 3

완성 크기 : 11cm
실 : 3.5mm 울사 - 화이트 ▨▨
바늘 : 모사용 코바늘 3호, 돗바늘

흙

• PATTERN •

✕ **흙** (3번 떠 주세요.)

1	(6)	원형뜨기로 ✕ · **6**, •
2	(12)	○, ✕ · **6**, •
3	(18)	○, (✕ ✕) · **6**, •
4	(24)	○, (✕ ✕ ✕) · **6**, •
5	(30)	○, (✕ ✕ ✕ ✕) · **6**, •
6	(36)	○, (✕ ✕ ✕ ✕ ✕) · **6**, •
7	(42)	○, (✕ ✕ ✕ ✕ ✕ ✕) · **6**, •
8	(42)	○, ✕ · **42**, •
9~14	(42)	○, ✕ · **42**, •
15	(42)	○, ✕ · **42**, •
16	(36)	○, (✕ ✕ ✕ ✕ ✕ ✿) · **6**, •
17	(30)	○, (✕ ✕ ✕ ✕ ✿) · **6**, •
18	(24)	○, (✕ ✕ ✕ ✿) · **6**, •
19	(18)	○, (✕ ✕ ✿) · **6**, •

19단까지 뜨고 솜을 채웁니다.

| 20 | (12) | ○, (✕ ✿) · **6**, • |
| 21 | (6) | ○, ✿ · **6**, • |

바느질을 위해 실을 30cm 정도 남긴 다음 부족한 부분에 솜을 더 넣어 모양을 잡습니다. 마지막 단 6코의 머리를 바깥쪽만 갈라 차례로 돗바늘을 통과시킵니다. 실을 잡아당겨 구멍을 오므리고 실을 정리합니다.

• HOW TO MAKE •

01. 도안대로 19단까지 뜨고 솜을 채운 다음 나머지 단을 뜹니다. 바느질을 위해 남긴 실을 돗바늘에 걸고 마지막 단 6코의 바깥쪽만 갈라 주워 오므립니다. 바닥 면을 평평하게 만들어 주세요.

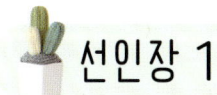 # 선인장 1

• PATTERN • ────────────────────────────────────

세 개의 선인장 중 중심을 잡아 주는 아이예요. 몸통 컬러가 모두 다르니 컬러를 확인하고 떠 주세요.

✕ 선인장1 대

실을 30cm 정도 남기고 **사슬뜨기를 20번** 뜹니다.

O✕ ✕ ✕ ✕ ✕ ✕ ✕ ✕ ✕ ✕ ✕ ✕ ✕ ✕ ✕ ✕ ✕ ✕ ✕ ✕
✕ ✕ ✕ ✕ ✕ ✕ ✕ ✕ ✕ ✕ ✕ ✕ ✕ ✕ ✕ ✕ ✕ ✕ ✕ ✕O
⋮ ⎫ 14단
O✕ ✕ ✕ ✕ ✕ ✕ ✕ ✕ ✕ ✕ ✕ ✕ ✕ ✕ ✕ ✕ ✕ ✕
✕ ✕ ✕ ✕ ✕ ✕ ✕ ✕ ✕ ✕ ✕ ✕ ✕ ✕ ✕ ✕ ✕ ✕O
OOOOOOOOOOOOOOOOOOOO

도안대로 14단까지 뜨고 기둥코를 뜬 다음 마지막 단과 처음 사슬뜨기한 단을 맞닿게 하여 원통형을 만듭니다.
마지막 단 코의 겉면과 사슬뜨기에 빼뜨기를 해 연결합니다. 바느질을 위해 실을 30cm 정도 남깁니다. (하단의 TIP을 참고하세요.)

1. 도안대로 뜬 후 편물을 연결하는 데 필요한 기둥코를 하나 뜨고 편물을 돌려 준비합니다.
2. 마지막 단의 코를 갈라 겉면에 바늘을 넣어 줍니다.
3. 반대편 첫 번째 사슬코에 짧은뜨기를 뜨고 남은 코에 마찬가지로 바늘을 집어 넣습니다
4. 실을 휘감아 빼뜨기합니다.
5. 끝까지 빼뜨기해 원통형을 만들어 주세요.

✕ 선인장1 중

실을 30cm 정도 남기고 **사슬뜨기를 15번** 뜹니다.

O✕ ✕ ✕ ✕ ✕ ✕ ✕ ✕ ✕ ✕ ✕ ✕ ✕ ✕ ✕
✕ ✕ ✕ ✕ ✕ ✕ ✕ ✕ ✕ ✕ ✕ ✕ ✕ ✕ ✕O
⋮ ⎫ 12단
O✕ ✕ ✕ ✕ ✕ ✕ ✕ ✕ ✕ ✕ ✕ ✕ ✕ ✕
✕ ✕ ✕ ✕ ✕ ✕ ✕ ✕ ✕ ✕ ✕ ✕ ✕ ✕O
OOOOOOOOOOOOOOO

도안대로 12단까지 뜨고 기둥코를 뜬 다음 마지막 단과 처음 사슬뜨기한 단을 맞닿게 하여 원통형을 만듭니다. 마지막 단 코의 겉면과 사슬뜨기에 빼뜨기를 해 연결합니다. 바느질을 위해 실을 30cm 정도 남깁니다.

✕ 선인장1 소

실을 30cm 정도 남기고 사슬뜨기를 12번 뜹니다.

```
0××××××××××××
  ×××××××××××××0
            ⋮
0××××××××××××
  ×××××××××××××0
  ○○○○○○○○○○○○○○
```
10단

도안대로 10단까지 뜨고 기둥코를 뜬 다음 마지막 단과 처음 사슬뜨기한 단을 맞닿게 하여 원통형을 만듭니다. 마지막 단 코의 겉면과 사슬뜨기에 빼뜨기를 해 연결합니다. 바느질을 위해 실을 30cm 정도 남깁니다.

• HOW TO MAKE •

01. 원통형으로 만든 선인장을 왼손에 들고 처음 바느질을 위해 남긴 실을 돗바늘에 겁니다.

02. 각 단이 모이는 기둥 끝에 볼록 올라온 고리들을 바늘로 하나씩 꿰어 줍니다. 실을 조인 후 바늘을 한 번 더 통과시켜 단단하게 고정합니다.

03. 반대편에 남긴 실을 몸통 안쪽으로 넣어 줍니다. 편물을 뒤집어 실을 안쪽에 숨기면서 선인장 아래쪽으로 옮겨 주세요.

04. 솜을 넣어 모양을 만든 후 윗부분의 조인 실을 정리합니다. 남은 선인장 2개도 같은 방법으로 만든 다음 앞서 완성한 흙에 위치를 잡고 시침핀으로 고정합니다.

05. 아래로 옮겨 둔 실에 돗바늘을 걸고 선인장과 흙을 연결합니다.

완성!

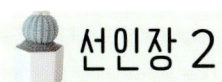 # 선인장 2

• PATTERN •

동그랗고 귀여운 모양의 선인장입니다. 완성 후 끝부분을 너무 세게 조이면 모양이 망가질 수 있으니 주의하세요.

✕ 선인장2 몸

실을 30cm 정도 남기고 사슬뜨기를 12번 뜹니다.

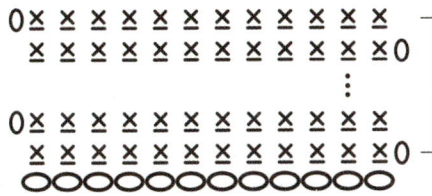

도안대로 32단까지 뜨고 난 후 마지막 단과 처음 사슬뜨기한 단을 맞닿게 하여 원통형을 만듭니다. 마지막 단 코의 겉면과 사슬뜨기에 빼뜨기를 해 연결합니다. 바느질을 위해 실을 40cm 정도 남깁니다.

✕ 선인장 꽃

도안대로 뜨고 바느질을 위해 실을 30cm가량 남깁니다.

• HOW TO MAKE •

01. 선인장1처럼 윗부분을 조여 줍니다. 단을 많이 뜨기 때문에 구멍을 끝까지 조이면 둥근 모양이 제대로 잡히지 않을 수 있습니다. 모양이 흐트러지지 않을 정도로만 조이세요.

02. 실을 조인 후 바늘을 한 번 더 통과시켜 단단하게 고정합니다.

03. 반대편에 남긴 실을 몸통 안쪽으로 넣어 줍니다. 편물을 뒤집어 실을 안쪽에 숨기면서 선인장 아래쪽으로 옮겨주세요.

04. 옮긴 실을 돗바늘에 겁니다. 각 단이 모이는 기둥 끝에 볼록 올라온 고리들을 하나씩 꿰어 줍니다.

05. 실을 조여 모양을 잡습니다.

06. 솜을 넣으며 편물의 위아래를 모양에 맞게 조여 줍니다.

07. 윗부분 실을 정리한 다음 아랫부분 실을 적당히 조여 줍니다. 실을 조인 후 바늘을 한 번 더 통과시켜 원의 크기를 고정합니다.

08. 꽃의 짧은 실은 정리하고 바느질을 위해 길게 남긴 실을 돗바늘에 겁니다. 돗바늘을 선인장 윗부분으로 넣고 대칭이 되는 반대편으로 빼냅니다.

09. 선인장과 꽃이 맞닿는 부분에 바늘을 걸고 실이 나온 구멍으로 바늘을 집어넣습니다. 나머지 부분도 동일하게 고정하고 실을 정리합니다.

10. 앞서 완성한 흙에 시침핀으로 위치를 잡고 바느질해 고정합니다.

완성!

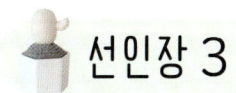 # 선인장 3

· PATTERN ·

한쪽에 팔이 달린 선인장입니다. 선인장의 팔을 뜰 때 모양을 생각하면서 뜨면 더 예쁘게 완성됩니다.

✕ 선인장3 몸

1	(6)	원형뜨기로 ✕ · 6, •
2	(12)	○, ❤ · 6, •
3	(18)	○, (✕ ❤) · 6, •
4	(24)	○, (✕ ✕ ❤) · 6, •
5	(30)	○, (✕ ✕ ✕ ❤) · 6, •
6~16	(30)	○, ✕ · 30, •
17	(24)	○, (✕ ✕ ✕ ✿) · 6, •

바느질을 위해 실을 40cm 정도 남깁니다.

✕ 선인장3 팔

1	(5)	원형뜨기로 ✕ · 5, •
2	(10)	○, ❤ · 5, •
3	(10)	○, ✕ · 10, •
4~5	(10)	○ · 3, 〒 · 4, ✕ · 6, •

사슬코 3개로 기둥코를 만들고
첫 코에 한길긴뜨기를 시작합니다.

6	(10)	○, ✕ · 10, •

바느질을 위해 실을 30cm 정도 남깁니다.

· HOW TO MAKE ·

01. 도안대로 뜬 편물에 솜을 넣고 모양을 잡아 줍니다. 선인장의 몸통에 팔 부분을 시침핀으로 고정합니다.

02. 고정한 팔을 바느질해 붙입니다.

03. 앞서 완성한 흙에 시침핀으로 위치를 잡고 바느질해 고정합니다.

완성!